추천사

너무나 많은 부동산 정책 남발로 인해 의미조차 파악하기 어려운 여건에서 많은 이들이 현기증을 느낄 정도다. 이 책은 그동안 정책들의 전후 관계나 맥락, 함의까지 잘 엮어서 명쾌하게 설명하는 보기 드문 수작이다. 그 때문에 앞으로 나올 정책이나 시장의 방향성을 가늠코자 한다면 누구나 필독해야 할 훌륭한 책이다.
— 심교언, 건국대 부동산학과 교수

부동산 정책이 궁금해서 이곳저곳을 들락거리며 보낸 시간이 너무 많았다. 대한민국 부동산 정책 분석은 이 책 한 권으로 끝날 것 같다. 당신의 시간을 엄청나게 절약해줄 책이다.
— 와이민, 와이민의 블로그 주인장

지난 10년간의 부동산 정책 변화를 정리하고 이해하는 데 무려 책 한 권 분량의 원고가 필요하다는 건 대단히 씁쓸한 일이다. 도도한 강처럼 묵직하게 흘러야 할 정책이 밀물 썰물처럼 아침저녁으로 파도치는 게 안타깝지만 좋든 싫든 정부 정책은 이제 부동산 시장의 가장 중요한 변수가 됐다. 이 책은 바로 그 정책 변수를 꼼꼼하게 분석하고 쉬운 설명으로 잘 풀어냈다. 저자 채상욱은 원래 이런 걸 정말 잘하는데 이번에도 예외가 아니다.
— 이진우, MBC 〈손에 잡히는 경제〉 진행자

2017년 8.2대책 이후 3년간 부동산 대책이 쏟아졌다. 부동산 전문가가 아니라면 쫓아가기 힘들 정도로 정책의 변화는 다이내믹했다. 그동안의 부동산 정책 흐름을 따라잡고 앞으로 각자도생의 방안을 찾고자 한다면 꼭 읽어봐야 할 책이다.
- 이상혁, 『아는 만큼 돈 버는 부동산 절세 전략』 저자, 하나은행 상속증여센터장

채상욱 애널리스트의 책은 강력하다. 그의 첫 책부터 이번 책까지 모두 그렇다. 현업에 치여 살다 보면 부동산 정보나 정책을 잘 설명하는 자료를 찾기 어려운데, 그의 책은 항상 길라잡이 역할을 했고 나의 첫 집을 매수하는 데도 대단한 기여를 했다. 그는 나에게 멘토와 같은 역할을 하는데, 이 책을 통해 다른 바쁜 사람들에게도 그러리라 기대해본다.
- 노승인, 그의 책으로 집을 산 평범한 가장

대한민국 부동산 지난 10년 앞으로 10년

대한민국 부동산 지난 10년 앞으로 10년

채상욱 지음

라이프런
LifeLearn

===== 프롤로그 =====

사상 최고의 주택가격과
정부 정책 사이에서

2010년대가 마무리되고 2020년대에 접어들었다. 지난 10년간 우리나라 부동산 시장을 돌이켜보면 2011~2012년 시작은 초라했으나, 2018~2019년에는 그야말로 이런 활황세가 또다시 올까 싶을 정도로 화려하게 마무리 짓는 흐름이었다.

여기서 잠깐, 근본적인 질문 하나를 던져보자. 지금 우리의 주택가격은 과연 비쌀까, 쌀까?

주택가격이 싸냐 비싸냐를 평가하는 데는 기준이 필요하고, 대표적인 기준이 소득이다. 그런데 평균주택가격을 평균소득으로 환산해서 계산하는 방식은 양극화의 영향으로 그 숫자에 해당하는 사람이 많지 않아서인지 썩 피부에 와닿지 않는다.

예를 들어 같은 10억 원의 주택을 고려하더라도 연 소득 1억 원인 사람은 소득 대비 10배를, 연 소득 5천인 사람은 20배를, 연 소득 2억인 사람은 5배를 떠올릴 것이다. 평균주택가격 역시 산정이 쉽지 않다. 아파트와 빌라, 오피스텔, 단독주택 등 주택의 종류도 다양한데 이 중에서 평균주택은 무엇을 의미하는지, 더구나 가격을 기준으로 할지, 면적을 기준으로 할지도 문제가 된다.

그 때문에 지금 시장이 과열되었는지 아닌지를 판단하는 좋은 기준은 따로 있다. 워런 버핏이 주식 시장에서 즐겨 사용한다고 알려진 시가총액을 GDP로 나눠서 보는 방식이다. 시가총액은 전체 상장 주식을 시가로 평가한 총액으로, 주식 시장이 어느 정도 가격 수준인지를 나타내는 지표로 쓰인다. 버핏은 주식 시장 시가총액의 저평가 혹은 고평가를 판단할 때 이 간단한 계산식을 사용하곤 했다. 그래서 '버핏 지수'라고도 불린다. 이 방식은 그 나라의 특정 자산군의 시세 총액이 전체 소득 대비 몇 배나 하는지를 설명하는 것이어서 꽤 직관적이다. 동시에 국가 간에 서로 비교해서 참고할 때도 편하다.

부동산 시장 역시 이 지수로 환산해서 저평가 혹은 고평가 여부를 평가해볼 수 있다. 7쪽의 도표는 이를 나타낸 것이다.

분모를 한국의 GDP로, 분자를 부동산 시장의 시가총액으로 계산한다면, 1995년부터 2018년까지의 24년 중에서 2018년 말이 가장 높은 배수인 2.5배로 계산된다. 다시 말하면 2018년 말의 주택 가격이 가장 비쌌다. 1996년 1.7배에서 시작해서 IMF를 거치는 기간에는 오히려 숫자가 하락하는 것을 볼 수 있다. 그러나 2001년부터 서서히 반등하다가 기울기가 가파르게 상승한다. 2001년 1.5배이던 지수가 2007년에는 2.2배 수준까지 치솟았다. 이 시기가 당시까지는 우리나라 역사상 가장 평가가치(밸류에이션)가 높았던 때다.

이후 부동산 시장은 2008년 글로벌 금융위기와 2011~2012년 유럽 재정위기 등을 거치며 다시 2.1배 수준으로 낮아진다. 소득은 지속해서 상승했는데, 이에 따라 주택 시가총액도 동반 상승하면서 소득 상승률과 주택가격 상승률이 약 6년간 비슷하게 유지된다. 그러다가 2017, 2018년에 이르러 이러한 배수에 큰 변화가 발생한다. 특히 전국 주택 시장이 활황세를 기록한 2018년 말에 주택시총/GDP는 2.5배를 기록하면서 역대 최고로 비싼 수준이 됐다.

현재 주택가격은 역사상 최고 수준을 기록하고 있다. 그렇다면 주택 시장에서 투자 수익률도 높은 수준으로 기대할 수 있을까? 아마도 쉽지 않을 것이다.

하지만 가격이 오르면 사람들의 관심은 시장에 쏠리게 마련이다. 2019년 12월 16일 부동산 정책(이하 12.16대책)이 발표된 날, 국내 유명한 온라인 부동산 투자 카페의 일간 조회 수가 역대 최대치를 기록한 것을 봐도 알 수 있다. 부동산 시장에 대한 관심은 어느 때보다 높은데 막상 발표된 정책 내용을 이해하기가 쉽지 않다. 총 32장에 걸친 본문에다가 Q&A까지 덧붙여져 부동산을 업으로 하지 않는 사람이 보면 알아보기 힘들었다. 게다가 지난 수년간 발표된 부

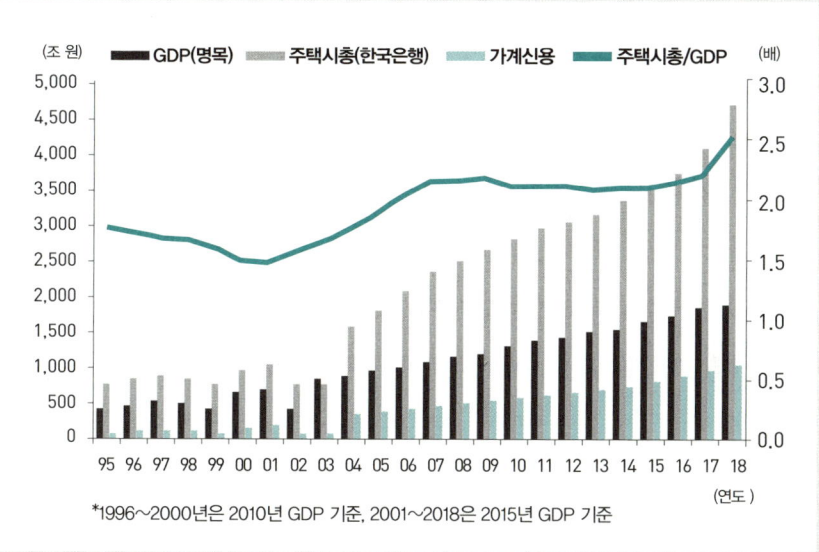

동산 정책들과 연계성이 높다 보니 더욱 이해하기가 어려웠다.

"도대체 이번 정책의 핵심은 뭐야?"

어느 건설회사에서 한국 부동산 시장에 대해 강연했을 때 일이다. 이 회사는 해외 현장에서 3년 정도 근무한 후 복귀한 임직원들을 대상으로 빠른 국내 적응을 돕기 위해 교육을 진행했다. 그중 부동산 시장 관련 강연을 나에게 맡겼다. 나 역시 사회생활을 건설인으로 시작했고, 또 현장 근무 경력이 4년 이상이어서 같은 기술직으로서 동질감도 있어 강연 요청을 받은 이후 2년간 지속해서 진행해오고 있다.

분기마다 반복적으로 생기는 일이지만, 해외에서 2년 넘게 체류하고 온 사람들은, 2015~2019년으로 대표되는 그 짧은 기간의 부동산 가격 변화를 보고 깜짝 놀라곤 한다. 그 기간에 주택가격이 얼마나 변했는지를 보면 당연한 결과겠지만 말이다.

강의는 덤덤하게 2010년대의 연도별 부동산 시장 환경과 정부 정책, 그리고 시장의 반응과 움직임 등을 설명하는 내용이 주를 이룬다. 그렇게 시장과 정책의 변화를 시간 순서대로 설명할 때 앞부분은 잘 따라온다. 그러다 중반을 넘어서면서 '이게 다 무슨 소리냐' 하는 표정을 지으며 웅성거리기 시작한다. 강의 막바지 즈음에는 질문이 폭발한다.

"지금 제가 이러이러한 상황인데 대체 저는 세금을 얼마나 내나요?"
"저는 청약 점수가 몇 점인가요?"
"이 경우 임대사업자 등록을 해야 하나요, 안 해도 되나요?"

심지어 "저는 지금 몇 주택자인가요?"(황당하지만, 정말 이런 질문도 나온다)라고 물어보는 직원도 있다. 어이없는 질문처럼 들리겠지만, 세법상 보유 주택 수와 실제 당사자가 생각하는 보유 주택 수에는 차이가 있기 때문이다.

  강의를 듣는 엔지니어들은 수년 만에 부동산 관련 내용을 새롭게 들은 사람들이다 보니 내용을 모두 이해하고 따라오는 사람이 적다. 무엇보다도 지난 몇 년간 수십 회가 넘는 정책들이 발표된 탓이 크다.

  문재인 정부가 출범한 직후인 2017년 6월 19일, 정부의 첫 번째 부동산 정책인 6.19 부동산 대책이 발표됐다. 조금 과장해서 말하면, 이후 거의 매달이라고 할 정도로 지속해서 부동산 대책이 발표됐다. 굵직굵직한 대책은 발표한 날짜의 이름을 따서 8.2대책(2017년 8월 2일 발표, 이하 8.2대책), 9.13대책(2018년 9월 13일 발표, 이하 9.13대책)과 같은 대책들로 불렸다. 2019년 12.16대책은 현 정부의 18번째 부동산 대책이었다.

  약 3년 동안 20여 회에 가까운 부동산 대책들이 발표되면서 시장에서는 부동산 정책을 따라가기를 포기하는 사람들이 나오고 있다. 비단 문재인 정부 시절만 그런 건 아니다. 박근혜 정부 역시 상당한 양의 부동산 정책을 속사포처럼 쏟아부은 시절이 있었다. 그렇게 정책들이 쌓이고 쌓이면서 점점 부동산 시장의 변화를 따라가기가 버거워지고 있다.

  대책이 발표될 때마다 시장의 전문가들은 제각각 의견을 낸다. 어떤 건 주택가격을 밀어 올릴 것 같고, 어떤 건 주택가격을 하향 안정화할 것 같고, 어떤 건 공급 축소로, 어떤 건 수요 확대로 연결될 것 같다는 둥 매 정책이 나올 때마다 다양한 의견들이 쏟아진다.

정책의 홍수 속에서 실수요자나 정말 수년 만에 혹은 십수 년 만에 시장에서 주택을 거래(매수나 매도)해야 하는 사람들은 무척이나 난감하다. 복잡해진 제도 앞에서 오랜만에 이 분야를 접하는 사람들은 마치 글을 처음 배우는 아이 같은 심정이 된다. 부동산 시장의 어린이, 즉 '부린이'가 될 수밖에 없는 지난 몇 년이었다.

변화 중에서도 주택 관련 세금 제도의 개정은 소위 세무사들 사이에서도 어렵기로 소문난 분야가 됐다. 시장에는 양도소득세 계산을 포기했다는 '양포세무사'라는 용어가 신조어로 굳어졌다. 특히 세무사들에게 건별로 복잡하게 계산해야 하는 양도소득세 계산은 소위 품값이 나오지 않는 영역이 됐다. 정기적으로 매월 비용을 받을 수 있는 기업 관련 기장 업무와 비교해서 양도소득세 계산은 수지타산이 나오지 않는 부분이 돼버렸다. 우리나라에서 양도소득세 분야의 정점에 있고 컨설팅마다 시간당 백만 원 수준의 상담료를 받던 한 세무사조차도, 양도소득세 계산이 잘못되어서 추징금 관련 소송을 당하는 사례까지 나올 정도다. 대체 얼마나 복잡하기에 양도소득세에 있어서 한국에서 최고라고 불리는 세무사마저 실수하게 만든 것일까.

그뿐만이 아니다. 과세당국조차 실수를 한다. 복잡한 세법 중 재산세의 경우, 지방 세무서에서 발송하는 재산세 고지서가 잘못된 사례도 있다. 재산세를 부과하려면 다양한 공제나 가구 구성원의 주택 수 등을 명확히 파악해야 하는데, 국세청 역시 사람이 이를 확인하고 입력하는 과정에서 실수가 나온 것이다. 세금고지서에서 틀린 내용을 찾아내고자 할 때 경정청구 소송을 한다. 이 건수가 해마다 상승하고 있다. 즉, 세무서 역시 틀린다는 말이다. 이는 현행 세법의 복잡함이 극에 달했다는 방증이다. 이처럼 복잡한 세법 체계에서 개인들이 이를 자율적으로 해결하기는 너무나 어렵다. 마치 대입 제도가 복잡해질수록 수많은 컨설팅 업체와 학원만 성행하듯 비슷한 현상이 발생하게 됐다.

그래서 이 책은 과거 정부가 발표한 부동산 정책들의 주요 내용과 그 정책들이 만들어낸 시장의 형언할 수 없을 정도로 다양한 모습들, 그 민낯들 그리고 풍선효과나 파생효과를 다루되, 최대한 쉽게 지난 10여 년간의 정책 흐름과 시장 변화를 요약하고자 한다. 또 이를 통해 자연스럽게 향후 10년의 모습도 담고자 했다. '양포'세무사를 넘어 부동산을 포기하는 '부포' 국민을 만들어서는 안 된다고 생각하기 때문이다. 과거를 알면 미래가 보인다고 했던가. 지난 10년간의 부동산 정책 변화와 그에 대한 시장의 반응을 살펴보면 앞으로 어떤 정책이 나오더라도 흔들리지 않는 자신만의 안목과 통찰을 얻게 될 것이다.

이 책이 나오도록 도와준 남은영 편집장, 아내와 씩씩한 아들, 그리고 4월에 태어날 둘째 핀토에게 감사의 마음을 전한다.

차례

프롤로그 사상 최고의 주택가격과 정부 정책 사이에서 · 4

1장
🏠 "바보야, 문제는 공급이야"

부동산을 몰랐던 사람들의 뒤늦은 고백 · 18
주택가격 하락으로 시작한 2010년대 · 23
50만 호 주택 공급 계획이 한순간에 사라지다(4.1대책) · 30
빚내서 집을 사라고요?(7.24대책) · 37
공급을 줄이면 일어나는 일(9.1대책) · 43

2장
🏠 부동산 대세 상승장은 어떻게 만들어졌나

재건축과 재개발로 수요를 끌어올리다(9.1대책) · 50
튼튼한 아파트를 부숴서라도(9.1대책) · 58
재개발사업을 가로막는 것은 모두 없앤다(9.1대책) · 63
구도심 상승을 이끈 분양가 자율화(2015. 12. 부동산 3법) · 69

3장 — 시장 vs 정책 누가 셀까? ①

🏠 **다주택자 전성시대의 개막**

2014.9.1~2018.9.13

갭투자와 실수요를 구분하다	• 78
부동산으로 번 돈에 대한 세금은 얼마일까?	• 85
다주택자들은 세금을 얼마나 더 낼까?	• 90
다주택자를 규제하라, 집값이 잡힐지어다 (8.2대책)	• 95
2018 전국 부동산 상승장의 이유 (임대주택등록활성화)	• 102
종합부동산세의 화려한 귀환 (9.13대책)	• 109

4장 — 시장 vs 정책 누가 셀까? ②

🏠 **전세 레버리지 사이클의 위력**

2017.8.2~2019.12.16

청약 로또의 시대	• 120
청약조정지역 규제로는 턱도 없다 (11.3대책)	• 126
무엇이 실수요자를 갭투자 하게 만들었을까? (8.2대책)	• 130
청약가점제 100%의 피해자 3040세대 (8.2대책과 9.13대책)	• 135
전세원금 500조가 시장에 풀린다면?	• 139
갭투자자, 우리는 운명공동체	• 143
소득령 154조라는 치트키	• 147

5장

시장 vs 정책 누가 셀까? ③

🏠 12.16대책의 등장

전세 레버리지 사이클을 끝내다	• 154
17차례 부동산 대책을 집대성한 No.18	• 157
다주택자가 사라질 수준의 보유세	• 162
2022년은 보유세가 완성되는 해	• 168
거주하지 않고 소유만 하면 세금 낸다	• 172
분양가상한제 부활의 의미(11.6대책과 12.16대책)	• 178
어디서 집값을 마련했나요?(12.16대책)	• 185
때론 정부에 맞서지 마라	• 190

6장

🏠 2020년대 부동산 시장 생존전략

앞으로 집값은 어떻게 될까?	• 200
실수요자 대응방안 1 실수요자만 매수하라	• 208
실수요자 대응방안 2 13평과 25평 같은 소형 평형에 주목하라	• 211
실수요자 대응방안 3 무엇보다 중요한 건 청약	• 216
실수요자 대응방안 4 기존 주택을 살 때 고려할 점	• 223
유주택자 생존전략 1 헨리 조지가 전하는 말, 1주택자가 되라	• 228
유주택자 생존전략 2 부동산 투자 지형도가 달라지고 있다	• 234

에필로그 당신에게 집이란 무엇인가 • 243

부록

🏠 저는 부동산 리츠가 처음인데요

1. 리츠가 바꿀 투자 지형도, 직접투자에서 간접투자로 • 252
2. 대체 리츠가 뭐예요? • 257
3. 리츠와 부동산 직접투자의 비교① 취득할 때 • 260
4. 리츠와 부동산 직접투자의 비교② 보유할 때 • 263
5. 리츠와 부동산 직접투자의 비교③ 매각(양도)할 때 • 268
6. 리츠와 부동산 직접투자의 비교④ 거래 비용과 편의성 • 272
7. 부동산 임대소득과 리츠 배당소득, 뭐가 좋을까? • 277
8. 현금은 언제 들어오나요? • 280

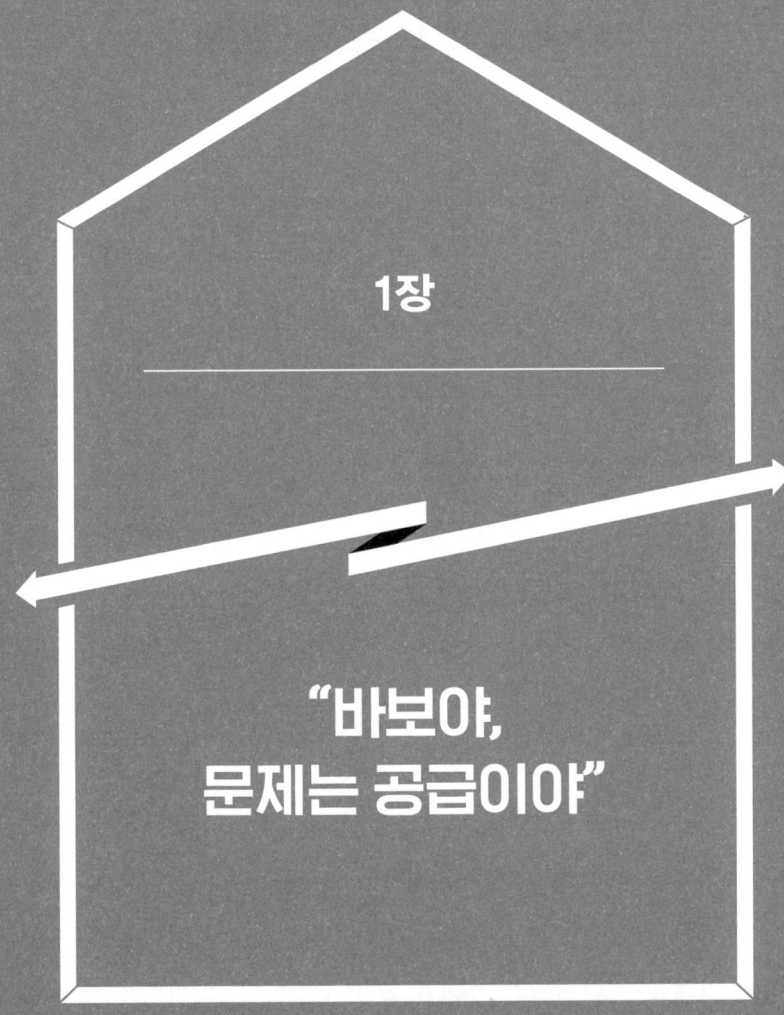

부동산을 몰랐던
사람들의 뒤늦은 고백

2019년 여름 어느 날, 업무로 알게 된 금융계 지인과 점심 식사를 함께할 때 일이다. 그는 금융권에서 나름 실력을 인정받아 승승장구하는 중이었다. 가벼운 마음으로 식사하던 중 그가 뜻밖의 말을 꺼냈다.

"맞벌이하는 아내는 바쁘고, 내가 나름 은행에서 일하니까 경제나 투자는 은근히 내 몫이 되었지요. 그런데 아내가 동창회를 다녀오더니 친구들은 다들 집을 샀는데 우리만 집이 없다며 하소연을 하는 거예요. 지난 3년간 아내가 집을 사자고 할 때마다 가계부채나 국제 경기 등을 들먹이며 집을 사는 건 위험하다고 말렸거든요. 지금 부동산 가격이 폭등하면서 어찌나 후회하는지… 당연히 저도 속이 쓰리죠. 은행에서 일한다고 부동산을 잘 아는 건 아닌데 잘 알아보지도 않고 속단해버렸으니까요. 지금이라도 집을 사자니 가격이 너무 올라서 어떻게 해야 할지 모르겠네요."

촉망받는 금융권 종사자인 그가 집에서는 부동산을 잘 알지도 못하는 사람이 돼버린 듯했다. 배우자에게 투자의 전권을 준 사람 중에서 얼마나 많은 이가 부동산을 사지 않은 배우자 탓을 하고 있을까 하는 생각이 들었다. 지난 3년간 부동산 가격 변화로 인해 많은 가정에서 비슷한 풍경이 펼쳐졌다.

그 일이 있고 며칠 지나지 않아 또 다른 자리에서 다른 지인을 만났다. 그는 자산운용 분야에서 굉장한 실력가로 명성이 자자했다. 늘 하던 정기 세미나를 끝내고 나를 배웅하러 나온 그가 커피 한잔 하자기에 웬일인가 싶었다.

"위원님(밖에서는 애널리스트를 위원이라고 부른다)."
"네."
"지금 집 사면 미친 짓일까요?"
"네?"

알고 지내는 동안 한 번도 부동산 얘기를 꺼낸 적이 없던 사람인데, 이렇게 뜬금없이 집 이야기를 꺼낼 줄이야. 깜빡이도 켜지 않고 들어온 급회전이었다.

"지금 제 고등학교 친구들은 전부 집을 사서 돈을 많이 벌었어요. 저만 안 샀더라고요. 어제 친구 모임을 나갔는데 애들이 전부 집 얘기만 하더라니까요. 어디가 어떻고 저떻고 말하는 걸 보니 개들은 아예 부동산 강의도 자주 듣고 공부를 정말 많이 했더라고요. 그런데 저는 일만 하다 보니까….

친구들은 제가 금융권에 있고 자산운용을 하니까 투자도 잘하는 줄 알아요. 사실 어제 친구들 얘기에 맞장구는 쳤지만, 속으로는 마음이 무너지는 것 같더라고요. 전 집을 안 샀으니까요. 솔직히 그들보다 제가 학교 다닐 때 공부도 더 잘했어요. 투자도 잘했고요. 그런데 집 하나 있고 없고의 차이가 큰 것 같아요.

지금 친구들이 말하는 금액을 들어보면 정확히 말하진 않지만 저와 비교할 수 없이 많이 번 것 같더라고요. 그것도 부동산으로요. 제가 지금 너무 속상해서… 대체 전 어떻게 해야 할까요?"

순간 커피를 마시다 체할 뻔했다. 잠시 생각을 정리하고 물었다.

"음… 그래서 지금 정확히 뭘 원하시는데요?"
"솔직히 말하면… 지금 당장 집을 사고 싶은데, 사도 괜찮을까요?"

이 말을 하고는 거의 커밍아웃이라도 한 듯한 표정을 지었다.

"그럼, 그렇게 하셔야죠… 하고 싶은 건 해야죠."
"그렇죠? 감사해요, 위원님. 조심히 들어가세요."

그는 이렇게 말하고 자리에서 일어섰다. 돌이켜보면 2019년 5월부터 내 또래(1975~1985년생) 주변 지인들의 부동산 상담이 부쩍 늘어났다. 연초인 2019년 1~3월에는 주택가격이 하락하며 시장이 안정화되어가던 상태여서 주변의 다주택자들이 증여와 종합부동산세 절세 등에 관해 조언을 구했었다.

그런데 5월부터 분위기가 확 달라졌다. '늦깎이 수요'라고 할 수 있는 실수요자들, 바로 내 지인들의 부동산 상담이 서서히 늘어나기 시작했다.

7~8월이 넘어가면서 조언을 구하는 지인들의 숫자가 순식간에 많아졌다. 이제 문자, 카톡, 텔레그램, 전화, 혹은 직접 만나 문의를 해오는 지인의 숫자가 몇 배는 증가했다. 이들이 전하는 자신의 고민이나 자기 주변의 매수 사례들이 종전보다 훨씬 더 많이 나에게 전해졌다. 심지어 사회생활을 하면서 나를 10년 넘게 만나는 동안에도 부동산에 관해 한 번도 이야기하지 않던 사이에서조차도 뜬금없이 늦은 밤 카톡으로 이 지역 어떻게 생각하냐며 물어왔다. 같이 만나면 게임 이야기만 하던 지인도 마침내 부동산 이야기를 꺼

냈다. 다들 부동산에 대해 떠들어댔다.

아니 대체 지금 부동산 시장에 무슨 일이 일어나고 있는 걸까?

주택가격 하락으로
시작한 2010년대

2011~2012년 동안 우리나라 부동산 시장은 완만한 가격 조정을 경험했다. 특히 서울시 부동산 가격은 2년 연속 하락했다. 이 두 해 동안 전국에서 가장 하락폭이 컸다. 2008년 세계 금융위기조차 무사히 넘겼고, '강남불패' 신화가 유지되던 시기였기에 서울시의 2년에 걸친 가격 하락은 사람들에게 큰 충격으로 다가왔다.

2013~2014년에도 마찬가지였다. 당시 서점가에는 한국은 일본의 잃어버린 20년을 따라간다고 주장하며, '부동산 대폭락'과 같은 자극적인 소재나 주제를 다룬 경제경영 도서가 서가를 채웠다. 여러 의미에서 일본화(인구 감소로 20여 년간 부동산 가격이 하락한다는 것이 당시 일본화의 주된 내용이었다)로 인해 부동산 시장에 대한 부정적 인식이 주를 이뤘고, 주변에 집 샀다는 사람들 얘기를 좀체 들을 수 없던 시기였

다. 심지어 집을 사면 비웃음을 사던 시절이었다. 서울뿐 아니라 경기권 등 전국이 매한가지였다.

당시 나는 건설회사에 다니다가 2008년 이직해서 들어간 산업통상자원부 산하의 모 공공기관에서 일하고 있었다. 같은 팀에 송도에 주상복합 아파트를 분양받은 팀원이 있었다. 분양가격 대비 주택가격이 하락한 상태여서 마음고생을 하고 있었다. 그는 1990년대 준공된 부천의 아파트에서 강남까지 출퇴근하던 터라, 외국계 개발회사가 들어와 역사를 바꾼다던 송도 지역을 좋게 보고 분양을 받았다고 했다. 그것이 그가 청약한 이유였다. 하기야 1980년대 말 1기 신도시가 공급됐을 때도 광화문에 직장이 있으면 일산에 청약하고, 강남에 직장이 있으면 분당에 청약하던 것이 당시 일반적인 관행이었다. 그가 한 청약도 어쩌면 자연스러운 선택이었으리라.

송도가 신도시이고, 신축인 데다가 대형 평형에 더구나 청약 때 가서 본 모델하우스도 너무 잘 지어져서 좋은 집일 것 같다며 청약했다고 말했다. 그렇게 시간이 흘러 준공했는데, 시세가 떨어져 원리금을 갚느라 그는 그 후로도 몇 년간 힘들게 일해야 했다. 그의 소득 상당 부분은 빚을 갚는 데 쓰였다.

당시는 그와 같은 사람들이 많았다. 언론에서는 이처럼 주택을 샀다가 집값이 하락세로 돌아서 고통을 겪는 이들을 '하우스 푸어'라고 불렀다. 집은 보유하고 있지만 무리하게 대출을 받아 사는 바람에 이자 부담으로 빈곤하게 사는 사람들을 가리키는 말이다. 하우스 푸어라는 말은 이 당시 꽤 오랜 기간 사용됐다. 한국에서 2010~2012년 당시의 집은 '푸어'의 상징이나 마찬가지였다. 집이 없어서 가난한 게 아니라 집이 있어서 가난하다는 의미였다.

국가적 위기로 떠오른 부동산 문제

2011년 공공기관에서 낯선 금융권으로 이직하면서, 건설업종을 분석하는 애널리스트로서 커리어를 새로 시작했다. 그때 내 나이가 서른네 살이었다. 그 나이에 업종을 완전히 바꿔서 이직하겠다는 내 선택에 주변 사람들은 하나같이 무모하다며 말렸다. 건설업계 배경을 갖고 금융 시장에서 일을 하다니, 그런 선배들도 많지 않던 터라 무작정 열심히 하겠다는 각오로 이직을 결심했다. 뒤처지면 안 된다는 생각에 매일 사무실에 남아서 밤낮으로 야근했다. 그 길 외에는 일의 효율을 높일 다른 방법이 없었다.

입사 후 몇 달간은 쉬지 않고 지난 5년간 발표된 건설산업의 리포트 중에서 비교적 두꺼운 인뎁스리포트(In-depth Report: 산업·기업에 관해 자세하게 쓴 리포트)만 골라 읽었다. 그러면서 해외 건설 시장과 국내 주택 PF(프로젝트 파이낸싱) 시장이 당시 건설산업의 화두라는 사실을 알았다.

애널리스트의 주 업무가 개별 회사들을 분석하는 일이기 때문에 개별 건설회사의 재무제표를 들춰보기를 반복했다.

그렇게 30대에 뭔가에 빠져서 열심히 자료를 찾던 시절에 본 것들이 바로 주택과 부동산 시장에 관한 내용이었다. 개인적으로 가장 흥미로운 자료는 기업들이 회사채를 발행할 때 공시하는 '투자설명서'라는 이름의 공시자료였다. 당시 건설회사들은 지금처럼 자금력이나 현금흐름이 좋지 않아 대형 건설사마저 휘청이던 상황이었다. 많은 기업이 자금 조달에 어려움을 겪었고 부채 비율이 높아, 회사채를 새로 발행하거나 종전 발행된 회사채를 연장하기도 했다. 사채를 발행하려면 투자설명서를 공고해야 한다. 그래서 그 당시 건설사의 투자설명서가 공시자료로 자주 올라 오곤 했다.

투자설명서는 해당 회사의 좋은 점뿐만 아니라 위험도 함께 적혀 있어 다각도로 점검할 수 있는 이점이 있다. '우리 회사는 이런 부분에서 위험합니다'라고 하여 리스크 역시 파악할 수 있게 쓰여 있다. 그 점이 흥미로웠다. 특히 어떤 부분이 위험한지를 상당히 구체적으로 적었다. 수도권의 주택 PF에 문제가 있다면 어떤 현장에서 문제가 있고, 이 현장이 지금 어떤 인허가 단계에 있는지, 앞으로 어떻게 진행될지 등을 아주 자세하게 공시했다. 지도에서 해당 주소지를 찾고, 그림을 그려가면서 문제 현장을 업데이트하고 엑셀로 예상 손익 가능성을 정리하는 것이 그때 내가 주로 했던 일이다. 그 일이 무척 재미있었다.

당시 국내에 다섯 손가락에 들어가는 대형 건설회사에서 작성한 2011년 투자설명서 중 해당 기업에 투자할 때 어떤 부분이 위험한지를 설명하는 '위험' 항목에 해당하는 내용의 한 예를 보면 아래와 같다.

"실물 경제 위축에 따른 미분양으로 건축주택사업의 안정성이 저하되고 있어 미분양주택 문제를 해소하기 위해서는 시간이 소요되리라 예상하며, 이는 건설업계의 실적 개선에 부담으로 작용하리라 판단합니다.
건설 및 부동산 경기 침체에 따른 미분양주택 증가 등으로 일부 건설사의 재무 악화가 불가피한 상황입니다. 이렇게 변화하는 새로운 영업 환경에서 당사의 매출이나 영업이익이 변동될 요소가 있습니다."

이러한 대략적인 메시지를 던진 후 PF 현장별로 어떤 상황인지를 자세하게 설명했다.

전체적으로 투자설명서에는 '현 부동산 경기가 침체했고, 시장에 미분양이 늘었으며, 우리도 이런저런 현장들은 아직 착공하지 못해서 잠재적 우려가 큰 상황이다. 그래도 우리 회사채에 투자할래요? 또는 투자해주세요'라는 내용이 쓰여 있었다.

그 건설회사의 우발부채는 3조 원이었다. 우발부채는 재무제표에 기재되지 않은 장부 외 부채(부외부채)를 말한다. 개인에 비유하자면, 예를 들어 홍길동 씨가 은행에서 빌린 돈이 2억 원이라면 이는 은행 앱이나 토스, 뱅크샐러드를 열어보면 대출계좌에 기록되어 있다. 그런데 홍길동 씨는 은행 대출 외에 차용증을 써주고 친구에게 빌린 돈 3억 원이 추가로 있었다. 그러면 이때의 3억 원은 부외부채에 해당한다.

다시 건설회사로 돌아가 생각해보면, 이 건설회사의 자본총계는 3조 원이고, 부채는 6조 원이었다. 이것이 장부상 부채였다. 그런데 이 6조 원의 부채 이외에 추가로 기표가 되지 않은 3조 원의 부채가 더 있는 상태였다. 자칫 회사가 존폐의 기로에 설 수 있는 수준의 우발부채 규모였다. 다른 회사는 자본 3조, 우발부채가 5조 원이었다. 어떤 기업은 자본이 1조 원이고 우발부채만 3조 원이었다. 어디를 둘러봐도 이 당시에는 한마디로 정상인 기업을 찾기가 힘들었다.

부동산 시장에는 시행사, 건설회사, 개인, 정부 등이 참여한다. 당시에는 참여자 그 어느 쪽도 행복하기 어려웠다. 오직 일본식 장기 침체가 온다며 시장에 위험을 파는 소수의 사람만이 승자였다.

부동산만 놓고 봤을 때 일본식 침체와 하우스푸어론이 가장 강하던 시점인 2012년 말에 박근혜 정부가 출범했다. 2013년이 되면서 부동산 시장 상황을 보여주는 숫자들은 더욱 가혹해져 갔다. 글로벌 금융위기 직전인 2007년의 총 미분양주택 수는 11.2만 호였고 4년이 지난 2011년에는 8.5만 호로 미분양주택 수는 감소했지만, 악성 미분양에 해당하는 준공 미분양은 2007년 1.7만 호에서 2011년 4.3만 호로 오히려 급증했다. 즉, 미분양 상태에서 준공되면서 준공 미분양이 된 셈이었다. 한마디로 아파트가 건설되는 4년간 팔린 게 없다는 의미였다.

준공 미분양은 너무나 심각한 문제였다. 미분양이 쌓일수록 주택 공급 주체나 건설사, 하도급업체 들의 현금흐름에 적신호가 커졌다. 금융위기를 전후로 건설업종에는 워크아웃 신청기업이 줄을 이었고 상위 100대 건설사 중 약 30개 기업이 법원에 워크아웃을 신청했다. 착공하지 못해서 아직 분양을 시작하지도 못한 규모도 수십만 채였다. 이것이 미착공 PF라는 이름으로 건설사의 부외부채로 자리 잡고 있었다. 그로 인해 부동산 시장 침체가 장기화하면 이는 건설산업을 넘어 파급효과가 큰 고용 시장을 비롯해 경제 전반에 악영향을 미쳐 국가 위기가 되리라는 암울한 전망으로 가득했다. 부동산 문제가 국가적 위기를 불러올 가능성이 크다면 부양책이 필요했다. 그게 당시의 합치된 의견이었다.

50만 호 주택 공급 계획이
한순간에 사라지다
- 4.1대책

박근혜 정부가 출범한 후 첫 번째로 2013년 4월 1일 부동산 대책(이하 4.1대책)이 나왔다. 4.1대책의 목표는 부동산 시장 정상화였다. 거꾸로 생각하면 시장에 비정상적인 무언가가 있다는 의미다. 어떤 비정상이 있었던 걸까?

    4.1대책이 나온 배경에는 보금자리주택이 있었다. 보금자리주택은 박근혜 이전 이명박 정부가 추진하던 주택 정책의 핵심이었다. 2009년부터 2018년까지 총 10년간, 150만 채의 공공주택을 분양과 임대로 나눠서 공급하는 매머드급 정책이었다. 보금자리주택 정책은 국민 모두가 집을 '소유'한다는 국가적 목표를 갖고 탄생했다. 이를 달성하기 위해서 비싸게 주택을 공급하는 민간에만 주택 공급을 맡기지 않고, 한국토지주택공사(LH)를 활용하여 공공주택을

저렴하게 공급함으로써 누구나 집을 살 수 있게 한다는 것이 구체적 목표였다. 과거는 아름답게 보이기 마련이어서 시간이 지나서 보면 과거의 정책에서 훌륭해 보이는 부분도 있다. MB의 보금자리주택 정책도 그 원대한 구상만큼은 놀랍다.

보금자리주택 정책의 특별함은 그 구성과 디테일에 있다. 보금자리주택은 '공공 분양'과 '공공 임대'로 이뤄져 있었다. 분양과 임대, 양 시장 전체를 모두 다루겠다는 의미였다. 공공이 임대를 넘어서 민간의 영역으로 여기던 분양 시장에까지 진출한다는 점에서 민간 시장의 공급자들은 충격을 받았다. 왜냐하면 그간 공공은 분양보다는 임대 시장에서 주거복지 측면의 역할만을 주로 해왔기 때문이다. 그런데 '모든 세대주가 소유할 수 있는 주택을 건설'하겠다면서 훨씬 더 낮은 단가로 택지개발과 시공까지 하고, 공공이 직접 시장에 개입하여 매년 대규모로 분양까지 한두 해도 아니고 자그마치 10년간 해댄다면, 어느 민간업체가 이런 공룡과 경쟁할 수 있겠는가. LH라는 한국 최대의 시행사에 견줄 만한 민간 시행사는 단 한 곳도 없었다. 한마디로 주택 공급 면에서 게임체인저급 존재가 등장한 것이다.

무엇보다 그 규모 역시 충격적이었다. 매년 공공 분양이 될 보금자리주택이 연 7만 호, 10년간 총 70만 호에 이르렀다. 당시 연평균 25만 호 수준으로 민간 분양을 하던 상황에서 보면 보금자리라는 이름의 공공 분양은 총 분양의 30%에 이르는 엄청난 물량이었다. 아울러 보금자리는 공공의 목적에 맞게 임대 시장 공급 목표에도 충실했다. 임대의 경우 그 수는 더 많고 종류가 복잡한 임대주택이 많은데, 합산하면 연평균 8만 호로 총 10년간 80만 호를 건설할 계획이었다. 분양과 임대, 두 부문에서 노태우 정부 이후 최대 규모의 공급 대책이었다.

유치한 표현이지만 이른바 단군 이래 최대라는 공공 분양 공급 계획에 당시 많은 사람이 궁금해했다. 도대체 어느 땅에 이렇게 어마어마한 규모의 주택을 건설할 것인지를. 개발의 아이콘답게 MB 정부는 박정희 대통령 이후 계속 유지되던 서울시를 둘러싼 그린벨트 지역을 차례대로 해제하겠다고 발표했다. 서민을 위한 임대주택 공급이라는 공익을 내세워 그린벨트 해제의 명분도 확보했다. 아마도 그린벨트를 풀어 민간 신도시만을 건설하려고 했다면 실현이 어려웠을 수도 있다. 그러나 그는 공공성을 확보함으로써 논란을 잠재웠다.

그린벨트 지역을 해제하고, 1기 신도시보다 더욱 양호한 입지조건을 자랑하면서도 가격은 더 낮은 보금자리주택이 2009년에 시범사업으로 첫 삽을 뜨게 된다. 강남구가 시작이었다. 세곡·내곡의 시범사업을 시작으로 보금자리지구가 1~5차까지 잇따라 지정되었다. 경기도 광명 등에는 분당만 한 신도시 규모의 보금자리주택을 건설할 계획이 세워진다.

MB의 꿈이 물거품으로

　보금자리주택은 2009년부터 2012년 말까지 4년간 총 54만 가구가 사업 시행 인가를 받는다. 특히 2011~2012년 보금자리의 정수인 공공 분양 물량이 늘어나면서 부동산 시장 전반에 영향을 주기 시작한다. 보금자리주택은 공공택지에 공급되므로 주택 조성 원가(토지비 + 건축비)가 애초부터 저렴할 수밖에 없다. 게다가 서울 주변의 그린벨트 지역을 해제했으므로 1기, 2기 신도시보다 더 서울에 인접한 입지여서 그야말로 '싸고 좋은' 주택이었다. 시간이 지나면서 보금자리주택 청약 열기는 가파르게 치솟았다. 반대로, 보금자리와 경쟁해야 하는 일반 민간 분양주택들은 처참한 분양 성적표를 받아들일 수밖에 없었다.

　보금자리가 확장 일로에 있던 2011~2012년은 거시경제 환경이 좋지 못했다. 2008년 글로벌 금융위기를 중국의 투자 확대로 회복하는 듯하더니, 금융위기의 여진에 해당하는 2011년 말 유럽 재정위기의 파도가 한국을 뒤덮었다. 유럽은 한국과 큰 관계가 없다고 했지만, 막상 뚜껑을 열어보니 중국을 통해서 유럽으로 연결되는 고리가 드러나면서 한국 역시 상당한 외부 충격을 받는다. 그 결과로 경제성장률이 급작스럽게 하락했다.

　이런 국면에서 '싸고 좋은 공공 분양주택'이 민간 분양 시장에 들어와서 휘젓기 시작한다. 비유하자면 민간 분양은 〈뭉쳐야 찬다〉에 나오는 조기축구회 같았고, 보금자리주택은 챔피언스리그 결승전을 뛰는 손흥민 같은 존재로 애초에 그 둘은 체급부터 달랐다. 상황이 이러하니, 민간업체들은 보금자리주택이 사라지기를 원했던 듯싶다. 그래서 2013년 초 4.1대책에서 당시 국토교통부 서승환 장관은 보금자리주택에 대한 대대적 수술을 예고한다.

박근혜 정부 들어 처음으로 나온 4.1대책은 이러한 배경에서 '시장 정상화'라는 목표를 내걸고 발표됐다. 그 당시 시각에서 보자면 보금자리주택은 민간 사이에 갑자기 들어온 '공공'이라는 괴물, 즉 '비정상'이었고, 이런 비정상을 없애는 것이야말로 '시장 정상화'였던 것이다. 구체적으로 들여다보면 4.1대책은 분양형 보금자리주택을 연 7만 호에서 연 2만 호로 줄여 총 20만 호만 공급하겠다는 내용을 포함한다. 얼핏 들으면 보금자리주택 분양을 매년 꾸준히 5만 호씩 10년간 감소시킬 것처럼 보이는데, 실상은 그게 아니었다.

이미 MB 시절 연 7만 호씩 약 3년 이상 공급하면서 누적 20만 호 수준의 물량이 공급된 상태였다. 따라서 '연 2만 호로 10년 누적 20만 호'라는 목표는 이미 달성된 셈이었다. 4.1대책은 분양형 보금자리주택 70만 호 공급 계획을 20만 호로 수정한 것이고, 수정과 동시에 목표가 달성됐으므로 공급 계획은 강제 종료된다.

단 한 번의 정책으로 50만 호에 이르는 거대한 규모의 주택 공급이 순식간에 사라지기는 이때가 처음이었다. 수요와 공급의 가격

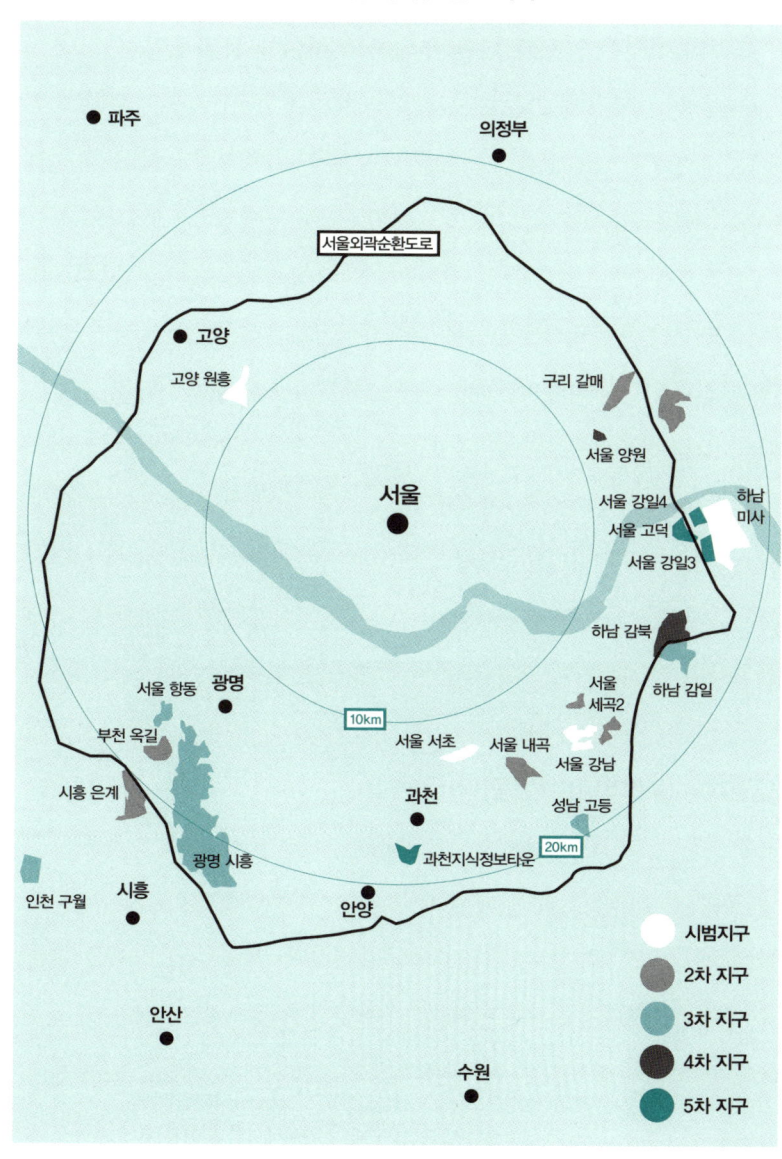

결정 원리를 생각한다면 무서운 일이었다.

그러나 이것은 앞으로 나올 부양책의 서막에 불과했다.

빚내서 집을 사라고요?
- 7.24대책

"거시 정책을 과감하게 확장적으로 운영하고, 한겨울에 한여름의 옷을 입고 있는 것과 같은 부동산 시장의 낡은 규제들을 조속히 혁파해야 합니다."

2014년 7월 최경환 경제부총리는 취임식에서 이런 발언을 한다. 지금 들으면 확장적 경기 기조로 부동산 시장의 규제를 타파하겠다는 흔한 말처럼 들린다. 그러나 저 말은 그 유명한 '빚내서 집 사라' 정책의 시작을 알리는 선언문이었다. 그 후 그는 세종문화회관에서 열린 방송기자클럽 토론회에서 기자들의 질문에 친절하게 덧붙인다. "전세가가 매매가의 70% 수준인 현 상태에서 30%만 더 있으면 집을 살 수 있습니다. 그리고 신용 보강이 이뤄지면 전세를 사는 사람 상당수가 매매로 전환할 수 있을 것입니다."

그가 취임한 후 가장 공들인 분야가 부동산 시장 살리기였다. 경기를 진작하기 위해 소비를 북돋으려면 많은 국민의 재산이 늘어야 한다. 부동산 가격이 오르면 부자가 된 듯한 생각에 소비를 늘릴 거라는 발상이었다.

그의 취임식 발언과 이후의 인터뷰를 보면 전 세계가 완화적 통화정책으로 선제적으로 금리를 인하하는데, 한국만 높은 금리 수준을 유지하고 있으니 금리를 인하했으면 한다는 뉘앙스로 들린다. 그래서 훗날 그의 발언은 한국은행의 독립성 이슈로까지 번졌다.

당시 많은 언론이 2011~2013년 부동산 시장의 침체기에, 빚을 내서 집을 사라고 주장하는 정부의 발언을 비판하는 데 급급했다. 대체 빚을 내서 집을 사라니? 모든 언론은 가계부채를 문제 삼았고, 대부분의 공황과 경기 침체는 빚을 갚지 못해 시작됐다며 목소리를 높였다. 그만큼 빚내서 집 사라는 말은 언론에게 두들겨 맞기 쉬운 소재였다.

그러나 '빚내서 집 사라'라는 말은 부동산 거래 현실과 너무 잘 맞아떨어지는 표현이다. 사실 부동산 시장 활성화 대책에서 대출이 빠질 수는 없다. 어느 시장이든 마찬가지지만 대출, 즉 신용은 구매력의 원천 중 하나이기 때문이다. 무주택 가구나 신혼부부가 주택을 구입할 때는 청약을 받거나 담보대출을 받아서 집을 사는 것이 일반적이다. 청약에 당첨되고 계약금을 내면 중도금 납부가 다가오는데 이때 보통 중도금 대출을 받는다. 혹은 기존에 살고 있는 주택을 담보로 해서 주택담보대출을 받아서 매수하기도 한다. 그만큼 대출은 주택을 사려고 할 때 실과 바늘처럼 따라다니는 존재여서, 빚내서 집 사라는 말은 그만큼 현실적인 발언이기도 했다.

가계나 법인 등 대출을 하는 주체를 '차주'라고 한다. 은행권은 차주가 대출할 수 있는 한도를 규제하는데, 그중 가장 자주 활용되는 것이 LTV, DTI 기준이다.

- **LTV**(Loan To Value): 담보 대비 대출 비율을 의미한다. 6억 원의 부동산에 3억 원의 대출을 한다면 LTV는 50%가 된다.
- **DTI**(Debt To Income): 소득 대비 원리금 상환 비율 의미한다. 연 소득 5천만 원인 사람이 매년 2천만 원의 원리금 상환을 하는 경우 DTI는 40%가 된다.

대출을 이용한 레버리지 사이클의 시작

2014년 중반까지 국내 주요 은행들의 주택담보대출은 LTV 50%와 DTI 50%라는 기준으로 운용되었다. 그러나 정부는 2014년 7월 24일 금융대책을 발표하면서 금융권의 주택담보대출 한도를 일제히 완화한다. LTV는 70%로 20%포인트 완화하고, DTI는 60%로 10%포인트 완화한 것이다. 이때가 바로 기술적으로 가계의 구매력이 급상승한 때였다.

특히 대출 한도(LTV)의 변화는 부동산 시장 참여자의 구매력을 크게 끌어올렸다.

예를 들어 자기 자본 3억 원을 소유한 이는 종전에는 최대 6억 원의 주택을 구입할 수 있었다. LTV 한도가 50%였기 때문이다. 그런데 7.24대책 발표 후 3억 원을 소유한 이는 자기 자본 3억과 타인 자본 7억을 합쳐 최대 10억 원의 주택을 살 수 있게 됐다. LTV가 70%로 완화됐기 때문이다. 살 수 있는 주택가격의 한도가 6억 원에서 10억 원으로, 1.7배 이상 높은 가격의 주택을 살 수 있게 된 셈이다.

전세를 끼고 주택을 사는 다주택자들도 이를 응용하여 전세금에다 주택담보대출을 추가로 받아서 LTV 70%를 만드는 일이 흔했다. 이를테면 재건축 초기 단계 아파트들은 주택이 노후해서 임차

2014년 LTV 대출 완화

구분		2014년 이전		2014년
LTV (주택담보 인정 비율)	지역 구분	은행	제2 금융권	수도권, 모든 금융권 70%
	수도권	50%	60~85%	
	지방	60%	70~85%	
DTI (총부채 상환 비율)	지역 구분	은행	제2 금융권	수도권, 모든 금융권 60%
	서울	50%	50~55%	
	경기, 인천	60%	60~65%	

료가 낮았다. 그래서 시세는 10억 원인 주택인데, 전세는 4억 원인 경우가 적지 않았다. 이 경우 전세 4억 원에다 3억 원의 주택담보대출을 더 받아서 LTV 70%를 맞추고 해당 주택을 자기 자본 3억 원으로 살 수 있게 됐다.

당시 서울의 최고가 아파트들도 이런 식으로 매매되기 시작했다. 반포의 시가가 18억 원인 반포 주공아파트 1단지(124주구)를 6억 원 전세 + 6억 원 대출 + 6억 원 자기 자본으로 맞추어 매수하던 시기였다. 이런 구매는 LTV 50%인 시절에는 현실적으로 불가능했다. LTV 70%로 완화되면서 활성화될 수 있었다.

주택담보대출을 통한 가계대출이 확대되면, 가계의 구매력이 상승하고 부동산 시장으로 유동성이 흘러 들어가면서 자연스럽게 주택가격의 상승 압력도 높아진다. 이런 사이클은 이때가 처음이 아

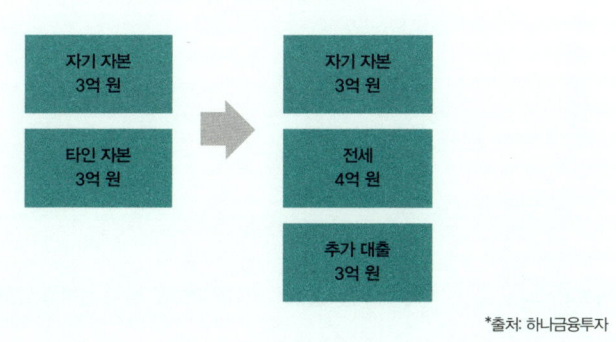

LTV 대출 완화 효과
(3억 원을 가지고 있다면 10억 원의 주택 매수가 가능해짐)

*출처: 하나금융투자

니다. IMF 이후인 2000년대에도 존재했다. 참여정부 시절, 주택담보대출 시장이 처음 제도적으로 열리고 금융권에서 주택담보대출을 받아 이를 지렛대 삼아 주택 매수에 나서는 사람들이 늘어나면서 주택가격이 급상승한 경험이 있다.

2014년의 7.24대책은 2010년대의 주택담보대출 레버리지 사이클의 시작을 의미했다. 이 사이클은 훗날, 2017년 8.2대책이 나온 뒤 주택담보대출 증가 속도가 크게 둔화한 후에야 끝이 났다. 결과적으로 2013년 한 해 총 9조 원 증가한 주택담보대출은, 2014년 한 해에만 36조 원으로 전년 대비 무려 4배나 급증했다. '빚내서 집 사라'고 하니, '빚내서 집 사는' 시대가 열린 것이다.

---

*레버리지(leverage): '지렛대'라는 뜻으로, 자산투자에서 수익 증대를 위해 부채를 끌어다가 자산 매입에 나서는 투자 방법을 일컫는다.

공급을 줄이면 일어나는 일
- 9.1대책

부동산 시장의 침체는 4.1대책 이후에도 계속됐다. 당시 정부는 부동산 시장을 살리겠다는 확고한 목표가 있었던 만큼 최경환 경제부총리 체제에서 2014년 9월 1일 가히 역대급이라고 불릴 만큼 최고 수준의 부양책을 발표한다. 9.1대책은 돌이켜보면 2010년대 전국 부동산 시장의 대세 상승을 만들었다고 해도 과언이 아니다.

'규제 합리화를 통한 부동산 시장 활력 회복 및 서민 주거 안정 강화 방안'이라는 이름으로 발표된 9.1대책은 그 내용 하나하나가 다 별건의 정책으로 발표해도 될 정도로 중요한 대책으로 똘똘 뭉쳐져 있었다. 한마디로 부동산 정책의 어벤져스였다.

9.1대책의 골자부터 살펴보면 두 가지로 요약할 수 있다. '공급 축소'와 '수요 촉진'이다. 수요와 공급의 원리로 보면, 공급을 줄이

고 수요를 촉진하는 것은 누가 봐도 가격을 올리겠다는 목적이 분명한 정책이었다. 이 중 '공급 축소'에 해당하는 부분이 9.1대책의 화룡점정이었다. 공급 축소에 대한 주요 내용은 1980년부터 시행되어 34년간 서울의 강동·노원·강서권뿐 아니라 분당과 일산, 판교와 광교, 각종 혁신도시 등 전국의 택지개발 신도시 총 440만 호를 건설하는 데 기여한 '택지개발촉진법(이하 택촉법)'을 폐지한다는 것이다. 택촉법의 폐지와 동시에 2017년 말까지 LH가 더 이상 신규 택지 지정을 하지 않겠다는 내용까지 포함했다. 즉, 박근혜 정부 동안에는 더 이상의 신도시는 건설하지 않겠다는 선언이었다. 더불어 미래 정부도 택지개발을 하기 어렵게 관련 법을 폐지하겠다고 했다.

택촉법은 특별법으로, 대한민국 신도시의 역사 그 자체였다. 1980년 이후 지정된 개별 신도시 면적의 총합은 서울시 면적보다도 넓은 658㎢ 수준이었고, 주택 수 역시 누적 440만 호 이상이 건설됐다. 특히 택촉법은 1990년대 초반 주택 200만 호를 건설하면서 빛을 발했다. 1980~90년대에 우리나라 가구 수가 1천만 수준이었던 점을 고려하면, 그 당시 200만 호란 가히 짐작도 하기 어려운 규모였다. 이 어려운 일이 택촉법이 있어서 가능했다.

이러한 택촉법을 9.1대책에서 폐지한다고 하자 순식간에 여당과 야당 등 정치권을 포함해 건설회사와 부동산업 등 산업계와 시장에서 격한 논란이 일었다. 결과적으로 택촉법의 폐지를 두고 당시 국회가 첨예하게 대립하면서 몇 년을 끌다가 법령은 폐지되지 않고 겨우 살아남았다.

　부동산 시장의 부양책, 즉 활성화 대책은 수요정책과 공급정책으로 나눌 수 있다. 공급정책은 건설 시장을 활성화하기 위해 주택 공급을 늘리는 것을 의미한다. 가격 측면에서의 활성화 대책은 정반대로 공급을 줄이는 것을 의미한다. 그런 의미에서 30년 이상 신도시를 건설할 수 있게 해온 특별법을 없애겠다는 것은, 다른 각도에서 봤을 때 사실상 '주택 공급 중단'을 공식 선언하는 셈이어서 시장에 큰 충격을 안겼다.

　이와 별도로 2017년까지 LH가 신규 택지 지정을 하지 않겠다는 내용도 충격적이었다. MB정부 말미부터 택지 공급 과잉(곧 주택 공급 과잉)이라는 평가가 있었으므로, 신도시용 신규 택지 공급은 이미 감소한 상태였다. 2010년에 신규 택지 지정 면적이 32km²였지만, 2012~2014년은 제로 수준으로 감소했다. 그런데 제로 수준의 신규 택지 지정을 2017년 말까지 유지하겠다는 것은, 거의 6~7년 동안 공급을 중단하는 효과가 있어서 과거에 지정해놓은 택지 재고만 해소된다면, 향후 5~6년간 상당한 수준의 공급절벽이 올 수 있음을 의미했다.

공급이 사라지면 가격은 오른다

과거에 주택을 지을 수 있는 택지가 이렇게 많았던 것은 2기 신도시와 혁신도시 등 전국적 개발정책을 위해 참여정부 시절인 2004~2007년 사이에 과다한 택지 지정이 이뤄졌기 때문이었다. 당시 우리 수준에 맞지 않게 택지 지정과 주택 공급을 너무 방대하게 했는데, 이것이 2010~2013년 부동산 시장 침체를 몰고 온 가장 큰 원인이었다. 즉, 공급 과잉이 핵심 원인이었다.

9.1대책은 신규 택지 지정을 줄이는 데서 나아가 아예 택지 공급

신규 택지 지정 추이(2012년부터 감소하다가 2014년 중단 선언)

연도	신규 택지 지정 (Km²)
'92	13
'93	18
'94	34
'95	8
'96	13
'97	24
'98	13
'99	10
'00	12
'01	36
'02	18
'03	15
'04	49
'05	65
'06	76
'07	55
'08	10
'09	26
'10	32
'11	4
'12	0
'13	1
'14	2
'15	1

*출처: 하나금융투자

의 모법이라고 할 택촉법 자체를 없앤다는 것이므로, 공급 물량이 몇 호 감소했다는 구체적인 수치는 없어도 그 규모가 수십~수백만 호에 이를 것으로 추정할 수 있었다.

당시 우리나라는 2013~2022년을 제2차 장기 주택종합공급계획 기간으로 잡고, 인구 1천 명당 주택 수를 2022년까지 411호에 맞추는 것을 목표로 했다. 연평균 주택 수요는 인구 수요, 소득 수요, 멸실 수요를 합쳐 약 39만 호 수준으로, 10년간 총 약 400만 호로 조사됐다. 중요한 것은 이러한 수요에 맞춰서 집을 지을 땅이 공급되어야 한다는 점이다. 요컨대 주택을 건설하려면 매년 55km²에 해당하는 택지가 공급되어야 했다.

그런데 택촉법을 폐지하고 나아가 2017년 말까지 신규 택지 지정도 하지 않는다면, 이 목표는 달성하기 어려워 보였다. 당시 나는 이 부분을 정책 발표와 동시에 분석하였다. 집 지을 땅이 없다면, 2014년 9.1대책으로 주택 공급의 장기 목표인 인구 1천 명당 411호 달성이 어려워지므로 주택 부족이 장기화할 것이라고 전망했다. 이것이 공급 부족의 핵심이었다. 즉 토지 공급이 부족하다는 의미였다. 도심 내 재건축과 재개발을 적극적으로 추진한다고 해도 부족한 공급을 메우기에는 역부족이었다. 애초에 재건축과 재개발 활성화는 수요를 촉진하는 정책이지 공급을 담당하는 영역이 아니다. 아울러 토지의 순공급 효과 없이는 눈 가리고 아웅이었다. 그렇게 약 10년간 주택 부족 현상이 이어진다면 주택가격이 오를 것은 불을 보듯 뻔했다. 그리하여 7.24대책과 9.1대책을 살펴본 나는 자연스럽게 부동산 시장이 살아나리라 전망했다.

규모를 가늠하기 힘든 공급 중단 대책을 포함한 9.1대책은 서서히 위력을 발휘한다. 늘 느끼는 것이지만, 시장이 정보를 받아들이는 속도는 정말 빠르다. 시장은 더 이상의 신도시가 지정될 일 없고, 구도심의 재건축과 재개발만이 신규 주택을 공급하는 유일한 방법이라고 이해하기 시작한다. 그리고 장기적으로 주택 공급이 부족해질 수밖에 없다면, 주택가격이 올라가는 것은 당연하지 않을까? 이런 생각들이 시장에 빠르게 퍼져 나간다. 이렇게 변화된 시장 분위기는 대출 규제의 완화 기조에 올라탄 가계의 주택 구입 확대로 이어진다.

돌이켜보면 박근혜 정부는 '공급' 측면에서 획기적 감소를 기획했던 정부였다. 그 당시 보금자리주택 정책의 폐지로 공공 분양 50만 호의 감소, 이어서 택촉법의 폐지로 물량을 알 수 없을 정도로 주택 공급이 감소했다. 수요공급 곡선은 단순했고 원리원칙대로 움직였다. 즉, 공급이 사라지자 가격이 상승한 것이다. 이것이 2015년부터 나타난 소위 부동산 대세 상승의 시작이었다.

---

*재건축: 주거환경이 '양호'한 지역의 노후된 주택을 헐고 새로 짓는 것을 말한다.
*재개발: 주거환경이 '낙후'된 지역의 노후된 주택을 헐고 새로 짓는 것을 말한다.

2장

부동산 대세 상승장은 어떻게 만들어졌나

재건축과 재개발로
수요를 끌어올리다
- 9.1대책

　주거환경이 양호한 지역의 노후한 주택을 새로 건설하는 것을 주택재건축이라고 한다. 반면, 주거환경이 양호하지 않은 지역의 노후한 주택을 새로 건설하는 것을 주택재개발이라고 한다. 주택재건축과 주택재개발(이하 재건축, 재개발)의 다른 점이라고는 주거환경이 양호하냐 불량하냐를 따질 뿐이고, 근본적으로 주택이 노후화되어 이를 새로 건설한다는 점에서는 같다.

　2014년 9.1대책은 택촉법 폐지를 발표하며 대규모 공급 축소를 천명함과 동시에 재건축과 재개발 활성화 정책도 발표한다. 재건축과 재개발은 여러 단계를 밟아서 진행해야 하기에 '절차사업'으로 불린다. 절차마다 해야 하는 일이 있고 의무가 있어서 마음대로 진행할 수 있는 게 아니다. 절차를 잘 밟아나가는 것이 중요하다.

9.1대책은 먼저 재건축을 좀 더 쉽게 할 수 있도록 절차에 대한 제도적 장치를 마련한다.

건설된 지 오래된 아파트는 재건축을 시도할 수 있다. 그런데 아무 아파트나 시도할 수 있는 것은 아니다. 이 역시 자격조건이 필수다. 몇 년이 지나야 재건축할 수 있는가를 '재건축 연한'이라고 하는데, 이 재건축 연한은 간단한 계산식으로 나온다.

재건축 연한 = 22년 + (준공연도 − 1982) × 2

예를 들어, 1988년 준공된 목동의 아파트는 언제 재건축을 할 수 있을까? 위 계산식에 대입하면 재건축 연한은 22년 + [1988(준공연도) − 1982 = 6년] × 2 = 22년 + 12년 = 34년으로 나온다. 그렇다면 실제 재건축이 가능한 연도는 준공연도에 재건축 연한을 더해서 나오는데, 1988년(준공연도) + 34년(재건축 연한)인 2022년이 된다. 이때 재건축을 추진할 수 있다.

1994년에 준공된 분당의 아파트는 어떨까? 재건축 연한 = 22년 + (1994년 − 1982년 = 12년) × 2 = 22년 + 24년 = 46년이 된다. 그러므로 재건축 가능 시기는 준공연도 + 재건축 연한을 계산하면 1994년 + 46년 = 2040년이 된다.

재건축 연한을 구하는 계산식은 이처럼 간단하다. 당시에는 재건축 연한의 상한선을 최대 40년으로 정하고 있었다. 상한 40년이라는 것은 위 식에서 분당의 재건축 연한 계산 값이 46년이라고 해도 최대 40년을 넘지 못한다는 의미였다. 그래서 분당은 1994년 + 40년(재건축 연한 상한) = 2034년, 이때가 재건축을 할 수 있는 시점이었다.

그런데 이 연한의 상한선을 40년이 아니라 30년으로 10년을 단축한다는 내용이 9.1대책에 실린다. 늘 그렇듯 디테일의 미학은 여기서도 위력을 발휘한다.

먼저, 1986년에 준공한 아파트부터 시작해보자. 재건축 연한 계산식에 따라 계산하면 재건축 연한 30년이 나오면서 2016년(1986년 + 30년)부터 재건축할 수 있다. 1987년에 준공한 아파트는 재건축 연한이 32년으로 계산된다. 그럼 재건축 가능 시기는 1987년 + 32년 = 2019년이 된다. 그런데 재건축 연한의 최댓값이 30년이므로 32가 아닌 30년을 더해서 2017년(1987년 + 30년)에 재건축할 수 있게 된다.

재건축 연한의 상한선이 40년에서 30년으로 낮아지자 1987년에 준공된 아파트부터 재건축 개시 시점이 2년 단축되기 시작했다. 한국에서 '빠른 것'은 좋다는 의미였다.

마찬가지로 1988년에 준공된 아파트도 재건축 연한은 계산상 34년이어서 원래는 1988년에 34년을 더한 2022년이 되지만, 연한의 최댓값이 30년이므로 2018년이 재건축 가능한 연도로 바뀐다. 그리고 2018년은 종전의 2022년 대비 4년이나 단축된 셈이다.

같은 방식으로 이런 계산이 반복된다. 1989년에 준공된 아파트는 2025년에서 6년 단축된 2019년, 1990년에 준공된 아파트는 2028년에서 8년 단축된 2020년, 그리고 1991년부터는 이후 건설된 모든 아파트가 일제히 10년 단축되어 1991년에 준공된 아파트의 재건축 가능 시점은 2021년, 1992년은 2022년 등 이런 방식으로 재건축 도래 시점이 일찍 돌아오게 된다. 아래 표에 이를 정리했다.

중요한 점은 과거 계산식과 차이가 크다는 것이다. 과거 계산식의 경우 재건축 연한이 돌아오는 시기가 2016년, 2019년, 2022년, 2025년, 2028년 등 3년 단위로 돌아오는 것을 알 수 있다. 그런데

재건축 연한 단축으로 인한 재건축 도래 시점의 차이

(단위: 천)

준공 연도	'86	'87	'88	'89	'90	'91	'92	'93	'94	'95	'96	'97
전국 물량	136	122	186	194	233	346	484	475	500	496	450	478
서울 물량	39	37	86	36	29	58	80	69	63	64	62	74
종전 안 재건축 개시 연도	2016	2019	2022	2025	2028	2031	2032	2033	2034	2035	2036	2037
개선안 (차이)	2016 (0년)	2017 (2년)	2018 (4년)	2019 (6년)	2020 (8년)	2021 (10년)	2022 (10년)	2023 (10년)	2024 (10년)	2025 (10년)	2026 (10년)	2027 (10년)

재건축 연한을 30년으로 줄였더니 2016년(1986년 준공), 2017년(1987년 준공), 2018년(1988년 준공), 2019년(1989년 준공), 2020년(1990년 준공) 등 매년 반복해서 재건축 대상 아파트가 생긴다. 즉, 연한의 상한을 30년으로 줄인 이 단순한 변화로 인해 3년마다 돌아오던 재건축이 1년 간격으로 돌아오는 효과가 생겨났다. 이는 주택 멸실 수요를 촉진한다.

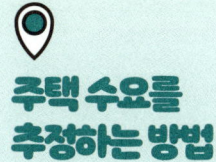
주택 수요를 추정하는 방법

요즘 부동산 시장 전문가들의 인터뷰를 들어보면 "공급이 부족해서…" 또는 "수요가 많아져서…"라는 말이 종종 나온다. 주택 공급에는 물리적으로 분양이나 준공 등을 통해 명확히 수치로 제시되는 공급량이 있다. 그렇다면 주택에 대한 수요는 어떻게 추정할 수 있을까?

주택 수요에 대한 이론적 접근은 1989년 발표된 미국의 그레고리 맨큐(Nicholas Gregory Mankiw)와 뉴욕대학교의 웨일(Weil) 교수가 함께 만든 맨큐웨일 모형(MW-Model)이 주택 수요를 추정하는 기본 모델로 꼽힌다. 그리고 국가별이나 학자별로 이 모형을 개량하여 수요(demand)나 소요(needs)를 추정하는 데 사용하곤 한다.

우리나라에서도 이 모델을 개량하여 장기 주택 수요를 추정하고 있으며, 여기서 도출된 장기 주택 수요를 기반으로 택지 공급 계획을 수립한다.

이렇게 개량된 한국식 주택 수요 모델은 세 가지 수요를 제시한다. 첫 번째가 '인구·가구' 수요이고, 두 번째가 '소득 수요'이며, 세 번째가 '멸실 수요'다.

- **인구·가구 수요:** 총인구의 증가나 가구의 분파 등을 반영하는 것으로, 맨큐웨일 모형 아이디어의 핵심 가운데 하나다. 예를 들어 총인구 4,500만 명일 때보다 5천만 명일 때가 주택 수요가 더 증가하는 것은 분명하다. 아울러 인구수는 5천만 명으로 고정이라 하더라도, 4인 가구일 때는 1,250만 가구이지만, 2인 가구일 때는 2,500만 가구가 되므로, 주택의 수요 단위를 가구로 볼 때 '가구'의 분파 속도

역시 주택 수요에 중요한 변수로 작용한다. 이렇게 인구·가구의 변화를 토대로 주택 수요를 파악하는 것이 이 모델의 기본이다. 외국에서는 내생적인 인구·가구 수요 외에도 이민 수요 등을 파악해서 모델을 짜기도 한다.

- **소득 수요:** 말 그대로 소득이 증가하여 발생하는 신규 주택에 대한 수요다. 성장률이 플러스로 유지되는 이상 누군가의 소득은 지속해서 상승하는데, 이렇게 소득이 증가했을 때 과연 얼마만큼 매년 새집이 추가로 필요한지를 추정하는 것이다.

- **멸실 수요:** 언뜻 이해하기 어려운 말인데, 이는 노후한 주택에 거주하던 세대가 재건축이나 재개발 등으로 주거가 없어졌을 때 이를 대체하는 수요를 말한다.

이 세 가지 수요를 각각 추정한 후 모두 합하여 연평균 주택 수요를 가늠한다. 과거 우리나라는 2013~2022년 10년간 총 연평균 39만 호(+-4.9만 호)의 주택 수요가 있으리라 추정한 바 있다. 이것이 제2차 장기 주택종합공급계획이라는 이름으로 발표됐다.

여기서 주택 수요의 면면을 뜯어보면, 먼저 인구·가구 수요의 경우 출생·사망과 가구의 분파와 같은 사회적인 면을 반영하는 것이어서 정책적으로 큰 변화를 끌어내기가 어렵다는 것쯤은 쉽게 짐작할 수 있다. 두 번째인 소득 수요도 주로 경기가 이를 결정하고 한국과 같은 소규모 개방경제에서는 더더욱 경제 변수를 관리하기 어려우므로 정책으로 크게 좌우하기 힘들다. 마지막으로 멸실 수요의 경우에는 재건축과 재개발을 가속화하거나, 혹은 반대로 속도를 둔화시킨다면 이 수요는 정책적으로 증감시킬 수 있다는 것을 알 수 있다.

2014년 9.1대책에서 재건축과 재개발을 좀 더 쉽게 할 수 있도록 가속화한 것은, 주택의 수요 측면에서 접근해야 한다. 이 시기가 멸실 수요를 본격적으로 자극해서 총 수요 증가를 이끌었던 시점이다.

위 수요 개념을 구매력 관점에서 살펴본다면, 위에서 살펴본 인구·소득·멸실에 필요한 주택 수량은 소요(needs) 개념이며, 구매력의 유무를 묻지 않는다. 구매력을 동반한 경우에는 수요(demands)라고 하며 이 경우 구매력이란 '자본(현금) + 신용(대출이나 전세 갭투자)'을 의미한다. 대출 완화나 전세 갭투자 활성화 정책을 펼칠 때는 수요가 상승하며, 대출 억제나 전세 갭투자 억제 정책을 펼칠 때는 수요가 감소한다.

튼튼한 아파트를
부숴서라도
- 9.1대책

1970년 4월 서울 마포구 창전동 와우지구 시민아파트 중 한 동이 그대로 붕괴하는 사고가 발생했다. 고 손정목 박사가 쓴 『서울 도시계획 이야기』 1~5권을 보면, 서울시라는 도시의 발전 과정을 자세히 다루는데, 여기에도 와우아파트 붕괴 사고가 언급된다.

　서울시는 1953년 휴전 이후에 급격히 사람들이 몰려들면서, 다른 도시들이 으레 그랬듯이 무허가 건물들이 우후죽순 생겨나기 시작했다. 당시 김현옥 서울시장은 무허가 판자촌에 거주하는 사람들을 현재의 경기도 성남시(당시 광주)로 이전시키는 저돌적인 정책을 발표하고 실천한 인물이었다. 이와 동시에 서울시의 주거문제를 해결하기 위해서 1968년부터 총 32개 지구를 개발해서 1만 가구 이상의 시민아파트를 건설할 계획을 수립하고 실행한다.

김현옥 서울시장은 서울시 국정감사 때 도시를 너무 계획적으로 설계하면 지방에서 너무 많은 사람이 몰려들기 때문에 제대로 개발하지 말고 이른바 막개발을 해야 한다는 식의 발언을 하여 큰 소란을 일으킨 인물이기도 했다. 이때 '시민아파트'라는 이름으로 지어진 아파트 중 하나가 마포구 와우산 일대의 와우아파트였다. 그러나 급격한 공급 확대 시기에 지어진 아파트인데다 졸속행정이 뒤따르다 보니 부실공사가 문제가 됐고, 그로 인해 상상하기 어려운 일이 벌어진다. 이 아파트 중 한 동이 말 그대로 와르르 무너지고, 33명이 사망하는 대형사고가 일어난 것이다. 이 사고로 김현옥 역시 서울시장 자리에서 물러나야 했고, 그 여파로 건설업 측면에서 아파트 건설현장의 안전 감리가 극도로 강화된다.

그 이후에 준공된 여의도 시범아파트는 이러한 감리 강화의 첫 번째 대상 아파트였다. 시범아파트는 1971년 12월에 준공됐고, 이 시기는 와우아파트 사고로부터 약 1년 8개월이 지난 시점이었다. 와우아파트 붕괴 사고 이후 안전에 대한 요구가 사회적으로 강화되던 시기인 데다, 여의도 시범아파트는 여의도를 개발하고 처음으로 건설된 아파트인 만큼(이름도 시범이라), 이른바 튼튼해도 너무 튼튼하게 지어졌다고 할 정도로 구조적으로 안전한 아파트였다. 시범아파트를 분양받은 사람들도 당시 고위공직자들이 많아서 무엇 하나 허투루 할 수가 없었다. 이처럼 1970년대 아파트의 경우 시대적 분위기로 인해 오히려 1980년대보다 더 건축 감리를 잘 받으면서 지어졌다. 그런데 이렇게 튼튼한 구조가 훗날 건축물 생애주기가 다 되어 재건축할 시기가 닥치면서 오히려 문제가 된다. 바로 '안전진단' 기준에서 높은 점수를 받은 것이다.

안전진단은 주택의 노후·불량 정도에 따라 구조의 안전성 여부, 보수비용 및 주변 여건 등을 조사해 재건축 가능 여부를 판단하는 작업이다. 총 5개 등급인 A~E등급으로 나눠 검사한다. D등급은 조건부 재건축, E등급은 즉시 재건축, A~C등급은 유지보수를 하는 것으로 결정한다. 즉 D나 E가 나와야 재건축을 할 수 있다. 그런데 여의도 시범아파트처럼 1970년대 준공된 아파트들은 구조 안전성이 훌륭하다 보니 안전진단에서 너무 높은 점수를 받아버렸다. 오래되었으나 재건축을 진행하기가 더 어려운, 아이러니한 상황에 놓인 것이다.

당시 모든 재건축아파트는 구조 안전성 위주로 안전진단 평가를 받았다. 안전진단의 점수 체계는 구조 안전성 40%, 건축 마감과 설비 노후도가 30%, 주거환경이 15%, 비용 분석이 15%였다. 이런 점수 체제에서는 구조가 만점에 가깝게 나올 경우 안전진단에서 D등급을 받기는 불가능했다. 그 때문에 9.1대책에서 재건축의 1차 장애물이라 할 안전진단 제도를 손본다.

새로운 안전진단 점수 체계는 구조 안전성을 40%에서 20%로

절반 낮추고, 주거환경 점수를 15%에서 40%로 대폭 상승시킨다. 주거환경은 주차가 어렵거나, 층간소음이 심하거나, 에너지효율이 낮거나, 노약자 생활개선 등이 어려운지를 따지는 것인데, 이 항목에 최대 40%에 이르는 최고 배점을 할애했다. 즉, 이제는 노후 아파트이기만 하다면 구조 안전성과 무관하게 안전진단을 통과하기가 수월해졌다.

안전진단에서 낮은 등급을 손쉽게 받을 수 있게 바꾸자 효과는 즉각 나타났다. 재건축의 1차 허들인 안전진단을 통과하는 단지들이 급격히 쏟아져 나왔다. 1971년 준공된 시범아파트 역시 이 시기(2017년)에 안전진단을 통과할 수 있게 됐다. 준공으로부터 무려 46년이 지난 후였다.

전체적으로 안전진단을 신청하고 통과하는 비율이 종전의 구조

재건축 안전진단 기준 변화 추이

항목	노무현 정부		이명박 정부	박근혜 정부	문재인 정부
	2003	2006	2009	2015	2018
구조 안전성	45%	50%	40%	20%	50%
주거환경	10%	10%	15%	40%	15%
비용 분석	15%	10%	15%	10%	10%
건축 마감 및 설비 노후도	30%	30%	30%	30%	25%

*출처: 하나금융투자

안전성 배점이 높았던 때와 비교해서 크게 상승했는데, 통과율은 거의 90%로 사실상 '모두 통과' 수준이나 마찬가지였다. 구조 점수가 50%였던 참여정부 시절 통과율이 10%인 것을 보면, 안전진단의 핵심은 구조 점수에 있음을 알 수 있다.

업무상 63빌딩에 있는 자산운용사를 방문할 일이 많은데 갈 때마다 여의도 전경을 바라보곤 한다. 그 자리에서 시범아파트를 보면 건축물 상태가 좋다는 것을 단박에 알 수 있다. 심지어는 그 이후 건설된 1980년대 초반의 아파트 단지들보다도 더 좋아 보여서 놀라곤 한다. 재건축의 연한을 단축하고, 안전진단을 쉽게 통과할 수 있게 하면서 재건축은 활성화 단계에 진입한다. 수요 촉진 정책이 효과를 발휘하는 순간이었다.

재개발사업을 가로막는 것은 모두 없앤다
- 9.1대책

유튜브에서 화제가 되고 있는 '워크맨(workman)'이라는 채널이 있다. 아나운서 출신의 장성규가 출연하는데, 그가 여러 일을 경험해 보면서 유튜브 시청자들에게 다양한 일자리를 간접적으로 체험하게 하는 내용이다. 입담이 좋고 콘텐츠 내용도 훌륭하다 보니 구독자가 수백만에 이를 만큼 인기가 높다. 그가 배달의 민족 배달원을 체험하는 날이었는데, 그때 음식을 배달하려고 마포구 합정동의 메세나폴리스를 들어간다. 그는 그곳에서 굉장히 오랜 시간 길을 헤맨다. 올라가는 엘리베이터나 입구 등을 찾기가 무척 어려웠기 때문이다.

영상을 보다가 그가 길을 헤매는 부분에서 씁쓸한 마음이 들었다. 메세나폴리스는 2010년대 준공된 주상복합건물로, 고급 주거를 표방하며 건설됐다. 그런데 준공 이후에, 이 건물 임대동에 거주하는 사람들에게 별도의 출입구와 엘리베이터를 이용하게 하여 사회적 논란을 불러일으킨 사실이 새삼 떠올랐기 때문이다.

아파트 단지 내에 분양과 임대를 함께 조성하는 것을 '소셜믹스(social mix)'라고 부른다. 민간에서 건설한 단지에 임대동을 건설하여 거주자들의 다양성을 높이려는 시도다. 이는 1961년 제인 제이콥스(Jane Jacobs)가 쓴 『미국 대도시의 죽음과 삶』에서 다룬 내용이다. 제인 제이콥스는 미국 주요 도시들의 거주 현황 등을 조사하다가, 단일한 사용자 그룹으로 구성된 마을보다 다양한 사용자로 구성된 마을이 훨씬 더 자생력이 강하고 스스로 발전해서 살아나간다는 점을 깨달았다.

이 책이 출간되자 그 영향력이 전 세계적으로 대단했다. 제인의 이러한 다양성 개념은 이후 도시와 주거설계에 적극적으로 받아들여졌고, 우리나라도 1990년대 말부터 2000년대로 넘어오는 과정에서 적극 도입했다. 특히 2003년 택지개발사업인 은평 뉴타운 건설 과정에서부터 다양한 계층이 한 단지 내에 사는 소셜믹스 개념이 본격화한다. 소셜믹스를 제도적으로 뒷받침하기 위해 정비사업에서도 임대 의무 기준을 규정하여 재개발과 재건축을 할 때 의무임대 가구를 건설하게 했다.

그러나 현실에서 소셜믹스는 쉽게 받아들여지지 않고, 오히려 임대차별만 낳았다. 이 임대차별이 사회적 문제가 된 단지가 바로 워크맨의 장성규가 길을 헤맨 합정1구역 재개발로 지어진 메세나폴리스였다. 이 사업에서는 임대층인 4~10층과 일반인이 사는 11~29층이 한 건물에 있어서 외형상 소셜믹스로 건설됐으나, 엘리베이터나 비상계단을 별도로 구분하여 운영한다. 그러다 보니 임대가구층이 이용하는 비상계단으로는 11층 이상으로 올라갈 수 없어서 소방 측면에서도 문제가 있었다. 언론에서도 이 문제를 다룬 적이 있다.

현재 재건축이나 재개발을 진행해 으리으리한 고급 아파트 단지가 된 곳을 가보면 임대동이 따로 건설된 모습을 심심찮게 볼 수 있다. 이렇게 별도로 위치한 정도를 넘어서 아예 건물 외형의 마감까지 분위기를 일관되게 살리지 않고, 완전히 티가 나도록 다르게 마감 공사를 하여 임대동임을 더 잘 알아볼 수 있게 건설한 곳도 적지 않다. 혹은 메세나폴리스처럼 출입구나 엘리베이터 등을 구분해서 사용하게 하는 등의 차별이 있는 곳도 있다. 이런 모든 차별을 '임대차별'이라고 한다. 임대차별을 하는 단지는 재건축, 재개발을 가리지 않고 존재하며, 소유주들(재건축·재개발사업의 조합원)은 오히려 임대동 건설이 정비사업과 무관한데도 거주 자격을 얻은 무임승차자(무임 승차)가 발생하는 것으로 보고, 차별을 정당화하기도 한다.

강남구 개포주공3단지 재건축인 디에이치아너힐즈에서도 임대동을 상가동 쪽으로만 배치하고 외관 역시 일반 분양동과 차별적으로 디자인했다.(사진 참조) 소셜믹스의 의미는 온데간데없고 임대 차별만 이뤄지고 있다고 볼 수밖에 없다. 일반동 건물과 임대동 건물의 디자인이 다른 것은 이 단지 외에도 심심찮게 볼 수 있다. 서울 성북구의 보문 파크뷰 자이에서도 그냥 바라보기만 해도 어느 단지가 임대동인지 단박에 알 수 있다. 이처럼 서울시의 정책이 지향하는 바와 다르게 소셜믹스가 아닌 임대차별은 어느 단지에서나 흔히 발견되는 현상이다.

재건축과 재개발에서 임대 가구 건설이 단순히 소셜믹스만의 문제였다면 이토록 심각한 차별을 초래하진 않았을 수도 있다. 임대동의 건설은 해당 사업의 수익성에 영향을 미친다. 임대동의 건설이 적을수록 일반 분양 수가 증가하여 사업수익이 커질 가능성이

서울시 강남구 개포주공3단지를 재건축한 모습

크고, 반대도 성립하는 것이다. 그 때문에 임대단지의 비중이 낮은 것을 조합원들이 선호할 수밖에 없다. 당시 박근혜 정부는 이 부분을 정확히 파악하고, 9.1대책을 통해서 임대주택 건설 요건을 사상 최고 수준으로 완화해준다.

당시 도시 및 주거환경정비법(이하 도정법)상 재개발사업을 할 때 전체 세대수 또는 연면적의 20% 이하 범위 안에서 임대주택을 건설해야 했다. 이렇게 건설된 임대단지를 공공인 LH나 지자체 등에서 인수하는 방식이었다. 그런데 9.1대책은 이런 임대주택 공급 비율을 획기적으로 낮췄다. 당시 수도권 과밀억제권의 경우 전체 세대수 기준 17~20%로 임대주택이 공급되고 있었다. 가령 1천 세대로 구성된 재개발이라면 약 170~200세대를 임대 공급했다는 의미다. 그런데 9.1대책은 임대 공급의 상한을 5%포인트로 급격히 낮춰 15%로 정했고, 더 나아가 임대주택 의무 비율의 하한은 아예 폐지해버린다. 하한이 없다는 것은 임대주택을 짓지 않아도 문제가 없다는 말이다. 이렇게 0~15% 이내의 구간에서 지자체가 임대주택 의무 비중을 결정할 수 있도록 법을 개정했다. 0~15%는 과거 17~20%의 의무 공급 수준과 비교하면 임대동에 대한 부담을 완전히 지워도 될 만큼 사업 손익에서 크나큰 개선이었다.

9.1대책은 이제 임대동을 건설하지 않아도 된다는 기대감을 불러일으켜 더디게 진행되던 재개발 시장에 불을 지피기 시작한다. 특히 구도심이 재개발되지 못한 인천시 같은 지자체는 임대주택

공급의 하한선을 0%로 반영한 조례를 신속하게 개정해서 발표하는 등 사실상 임대주택 공급을 포기하기에 이른다.

　서울시의 경우에만 하한을 10%로 조례를 정함으로써 9.1대책으로 인한 임대주택 건설 완화에도 불구하고 의무 공급이 이뤄지도록 했으니 서울만이 최후의 보루였다. 인천·부산·대구·천안 등 재개발이 필요한 구도심이 많은 지자체일수록 임대주택의 하한선을 5% 수준으로 두면서 정비사업의 수익구조를 대폭 개선시킨다. 이는 얼핏 사소해 보이는 변화였지만 재개발사업에 날개를 달아준 셈이었다.

　이처럼 9.1대책은 세세한 부분까지 챙겨서 혜택을 주었다. 재개발이 가속화하니 자연스럽게 멸실 수요가 큰 폭으로 증가한다. 이것이 2014년 이후에 일어난 일이다.

---

*연면적: 대지에 들어선 하나의 건축물에 있는 지상층 바닥면적을 모두 합한 것을 말한다.

구도심 상승을 이끈 분양가 자율화
- 2015. 12. 부동산 3법

적극적 가격 부양책의 피날레는 분양가상한제의 폐지와 함께 시작됐다. 2007년부터 분양가상한제를 시행해오던 정부는 시장을 활성화한다는 목적으로 2015년 4월 분양가상한제 자율화 정책을 도입했다. 즉 분양가상한제를 폐지한 것이다.

당시 금융 시장에서 조사분석 자료를 작성하는 애널리스트였던 나는, 이 정책이 갖고 올 영향을 분석해서 수십 페이지에 달하는 리포트를 썼다. 주된 내용은 앞으로 재건축이나 재개발사업의 활성화로 정비사업 물량이 증가할 수밖에 없고, 또 신규 주택을 개발하는 시행사의 업황이 개선된다는 거였다. 이 보고서를 정리해서 기관투자자들을 만나고 세미나를 하는 것이 애널리스트의 주 업무인데, 그러다 보면 예외 없이 듣는 질문이 있었다.

"분양가상한제냐 자율화냐가 그렇게 중요한 이슈인가요?"

질문의 요지는 별로 중요하지 않은 이슈를 확대해석하는 게 아니냐는 거였다. 어느 언론도 주목하지 않는 이슈를, 채 애널리스트만 크게 주장하는 거 아니냐는 핀잔도 들었다. 당시 나는 분양가상한제 이슈를 붙들고 외로운 싸움을 하고 있었다.

그러나 불과 4년이 지난 2019년 7월, 김현미 국토부장관이 국회에서 분양가상한제를 재시행하겠다고 발표한다. 이날 모든 언론이 일제히 분양가상한제를 다루며 대서특필했다. 내게도 전화가 빗발쳤는데, 분양가상한제를 시행하면 부동산 시장이 어떻게 되느냐는 질문이 대부분이었다. 마치 사회 전체가 분양가상한제가 뭔지 다 아는 듯한 느낌이었다.

분양가상한제가 의미하는 바를 잘 모르던 사회에서 불과 4년 만에 분위기가 달라졌다. 분양가상한제를 다시 시행하면 재건축이나 재개발사업이 위축되고 정비사업을 위주로 하는 기업들의 실적이 둔화하며 서울의 신축 주택가격이 오를 것이라고 누구든 전망하는 학습된 사회로 변한 것이다. 4년 전이 떠올라 격세지감이 느껴진다.

대세 상승기의 발화점

'분양가상한제'는 분양가격에 상한선을 둔다는 제도다. 한국에서 분양가상한제의 역사는 1977년에 분양가 규제라는 이름으로 처음 시작됐다. 당시 중동 건설 붐과 국내 중화학공업 육성 결과로 경기가 살아나고 부동산 시장에 자본이 대거 유입되면서 아파트 가격이 급등했다. 이것이 사회문제로 대두하자 분양가 규제가 도입된 것이다.

당시 분양가상한제는 획일적으로 정한 상한 가격(행정규제 가격)이라는 이름으로 등장했는데, 문자 그대로 상한 가격을 제한하는 것이었다. 이러한 획일적 규제 가격이라는 점은 공급자 측면에서 공급 효용을 크게 떨어뜨려 자연스럽게 주택 공급 위축으로 이어질 수밖에 없었다.

공급자 입장에서 판단했을 때, 시장 환경상 100원에 팔아도 될 것을 60원에 팔라고 강제한다면 이 가격에 공급할 이유가 없는 셈이었다. 그 결과 공급 감소가 누적되자 1980년대 말이 되면서 주택 가격이 그전보다 더 큰 강도로 폭등했다. 이때의 상승은 그야말로 급등이었기 때문에 1980년대는 주택가격이나 전월세 문제로 자살하는 사람이 나오는 등 사회적 혼란이 가중됐다. 부랴부랴 겨우 진정시킨 대책이 1990년대 초반에 준공된 200만 호 공급으로 대표되는 신도시 개발 계획이었다.

대규모 주택 공급을 통해서 시장이 안정되다가 1997년 말 IMF 외환위기로 인해 경기가 일제히 침체에 빠진다. 정부는 시장 활력을 살리기 위해 주택 시장에도 규제 완화를 추진하는데, 그중 하나가 분양가상한제 폐지였다. 그렇게 DJ정부의 경기 활성화 정책은 서서히 작동하기 시작, 2000년대 들어 참여정부 때부터는 회복을 넘어 주택가격이 다시 급격히 상승하기 시작한다. 부동산 정책이 시차를 두고 시장에 영향을 미치는 또 다른 실증 사례였다.

이에 당시 정부는 역사상 가장 강력했다고 평가받는 2005년의 8.31 부동산 정책을 통해 분양가상한제를 부활시킨다. 당시 판교나 은평 뉴타운과 같은 지역은 지금의 과천이나 위례같이 시장이 기대하는 신도시 지역이었고, 이들 지역의 고분양가는 사회적으로 이슈가 됐기 때문에 해당 지역부터 먼저 분양가상한제를 적용한다. 그렇게 적용 범위를 서서히 넓혀가던 2007년 4월 20일, 시장 안정화를 이유로 공공택지든 민간택지든 일반에게 건설·공급되는 모든 공동주택에 대하여 분양가상한제를 일제히 적용한다.

이때 전국에 적용한 분양가상한제는 상당히 오랜 기간 살아남는다. MB정부 때는 글로벌 금융위기나 유럽 재정위기가 있었음에도 분양가상한제가 유지됐고, 박근혜 정부가 활성화 대책을 쏟아내던 2013~2014년에도 그대로 살아남았다. 박근혜 정부는 그래서 2013년의 4.1 부동산 대책을 발표할 때, 주택법에 규정된 분양가상한제를 주택법 시행령을 통해서 좀 더 탄력적으로 대응할 수 있도록 법 체계를 개정한다. 시행령은 법보다는 개정 절차가 훨씬 간소하므로 국토부가 상황에 맞게 탄력적으로 분양가상한제를 적용·해제하기에 용이한 수단이었다. 그리고 1년이 지난 2015년 4월, 분양가상한제 적용 지역이 나오기 어렵도록 적용 기준을 손보면서 실질적 분양가 자율화 시대를 맞이한다.

분양가격 결정을 자율화하자, 2014년 9.1대책으로 활성화한 재건축·재개발 조합에서는 이제 일반 분양가격을 시장가격으로 받을 수 있는 길이 열린다. 종전까지는 분양가격이 원가 분양(기본형 건축비 + 가산비 + 택지비) 방식으로 결정됐으나, 이제 원가와 무관하게 시세에 근접한 수준의 이윤을 포함한 분양가격을 받을 수 있게 되면서, 정비사업의 사업 손익이 극단적으로 개선된다.

> ***분양가상한제**
>
> 분양가격 = 표준건축비용(기본형 건축비 + 건축비 가산비용) + 택지비용(공급가격 또는 감정평가금액) + 가산비용

물론 처음부터 분양가격이 일률적으로 높아진 것은 아니었다. 2015년 4월, 분양가격을 자율화한 초창기에는 시장에 다소 낯선 분위기가 연출됐다. 8년 만에 자율화를 맞다 보니 대체 분양가격을 얼마로 해야 하는지 모두 어리둥절했다. 기준이 없었던 탓이다. 이런 눈치 보기 장세에서 제대로 분양가 자율화를 시험해본 곳

은 개포주공3단지 재건축인 개포 디에이치아너힐즈였다. 이 단지는 1,320가구 중 69가구를 일반 분양하는 단지였는데, 디에이치아너힐즈라는 현대건설의 프리미엄 브랜드(일반 브랜드는 힐스테이트)를 내세운 최초 아파트인 만큼 평당 5천만 원 이상의 기념비적인 최고가 분양가격을 받으려는 의지가 있었다.

당시 반포의 아크로리버파크가 평당 4,130만 원 수준으로 당대 최고가로 분양한 적이 있었다. 그렇기에 평당 5천만 원 가격대는 한국 최고가였다. 그러나 이렇게 근거가 부족한 분양가 상승 시도를 용인할 수 없던 국토부와 분양가를 심사하는 주택도시보증공사(HUG)에서는 9억 원을 상회하는 아파트의 중도금 대출 보증을 폐지하여 수분양자가 중도금 대출을 받지 못하게 했고, 동시에 분양가격이 종전 해당권역 분양가격에 비해서 과도하게 상승할 수 없도록 분양가격을 심사하는 가이드라인을 만든다. 이러한 조정으로 인해 개포 디에이치아너힐즈의 분양가격은 첫 시도와 달리 4,100만 원 수준으로 결정되고, 시장에는 주택도시보증공사의 분양가격 심사 가이드라인이 기준으로 도입된다.

가이드라인은 종전 분양가격 대비 최고 110% 수준까지 높이는 것을 허용했다. 예를 들어 종전에 평형당 2천만 원이라면 다음은 2,200만 원을, 그다음은 2,440만 원 등으로 10%씩 추가로 올릴 수 있었다. 덕분에 조합은 분양가격 자율화 이후, 가이드라인이 안내하는 대로 종전 대비 높은 가격으로 지속해서 분양가를 올릴 수 있었다. 다만, 가이드라인 속에서 분양가격이 올라가는 속도보다 도심 내 아파트의 가격 상승 속도가 더 가팔랐다. 9.1대책이 효과를 발휘하면서 시장 전체로 가격 상승 흐름이 퍼져 나가고 있었기 때문이다.

훗날 김현미 국토부 장관이 JTBC 뉴스룸에 출연하여, 서울시 성동구에 공급하는 서울숲아크로포레스트의 평당 분양가격이 5천만 원에 육박한다며 이런 가격대에 대해 지탄을 하자, 시장에서는 잠재적으로 평당 5천만 원이 분양가격의 상한선이라는 인식이 생겨났다. 평당 5천만 원은 34평형 기준 17억 원이라는 초고가 아파트를 의미했다. 그러나 실제로 강남권 등 이 가격대 위로 시장가격이 형성되는 지역이 나오면서 이후부터 '분양은 로또'라는 인식이 점차 생겨났다. 뒤에서 설명하겠지만, 새로운 사이클이 만들어진 순간이었다.

중요한 점은 2015년 4월 분양가 자율화 이후 더는 부동산 시장 활성화 대책을 낼 필요가 없어졌다는 것이다. 시장은 이미 대세 상승기에 진입했다. 9.1대책이 만들어낸 정책 효과는 놀라울 정도로 시장을 움직였다.

- 신도시가 없고 택지 지정도 없다.
- 구도심 재건축·재개발만이 신규 주택을 공급하는 수단이다.
- 대출은 완화하고 다주택자 중과세도 폐지한다.

- 분양가상한제도 폐지한다.

　위의 정책들이 2014년 7월부터 2015년 4월까지 불과 1년도 되지 않는 기간에 일제히 시장에 쏟아진 것이다.

　2015년 전국 부동산 가격은 월평균 0.5~0.6% 수준의 상승세를 기록하며 올랐다. 그리고 가격이 상승하자 공급은 자연스럽게 증가했는데, 2015년 총 분양은 52만 호로, 2014년의 33만 호 대비 60% 이상 급증했다. 2016년에도 46만 호 이상의 분양을 기록하며 2000년대 평균 분양인 25만 호 수준을 한참 뛰어넘었다. 한마디로 호황이라는 의미였다. 부동산 대세 상승의 시작이었다.

　이 시기에 나는 제2차 장기 주택종합공급계획(2013~2022년의 공급목표)이 택지 공급 부족으로 이룰 수 없는 계획이므로 부동산 가격은 장기 상승한다는 상승론의 최정점에 선 입장으로, 〈손에 잡히는 경제〉 라디오 프로그램과 팟캐스트, 다양한 TV 프로그램에 출연하며 상승론을 주장했다.

***분양가상한제**: 주택가격 안정을 위해 정부가 시장에 공급되는 신규 주택가격을 시장 균형가격 이하로 규제하는 것을 말한다.
***분양가 자율제**: 시장의 수요와 공급에 따라 가격이 결정되도록 정부가 분양가 규제를 푸는 것을 말한다.

3장

시장 vs 정책 누가 셀까? ①
다주택자 전성시대의 개막
(2014.9.1~2018.9.13)

갭투자와 실수요를 구분하다

'트레바리'라는 독서 모임이 있다. 여기서 나는 '집집'이라는 소규모 독서 모임을 개설하고 모임장을 맡아서 한동안 운영했다. '집집'은 집과 부동산에 관한 책들을 읽고 독후감을 발표하며 이를 토대로 서로의 생각을 얘기하는 모임이었다. 멤버들의 반응이 꽤 좋았다. 약 2년간 운영하는 동안 전체 수백 개의 트레바리 독서 모임 중 통틀어서 매 시즌 첫 번째로 마감될 정도로 초인기였다.

1970년대생인 나는 독서 모임을 맡으면서 1985~1995년생인 다양한 나이대의 후배 세대들을 만날 수 있어 좋았다. 세대 간 차이를 좁힐 좋은 기회이기도 하여 2년간 운영했는데, 현업이 바빠지면서 더는 하지 못했다.

모임 초창기 때는 전반적으로 부동산에 대해서 잘 알고 있는 사람이 적었다. 이날도 멤버 한 분이 다른 멤버들이 한참 대화하는 것을 조용히 듣고 있다가 질문을 했다.

"음… 새안고는 어떤 학교예요?"

"네? 새안고라뇨?"

"아니 다들 새안고, 새안고 하셔서요. 그게 어느 고등학교인가 싶어서요. 혹시 명문인가요?"

"네? 헉… '(전)세 안고'를 '새안고'로 들으셨네요. 세상에!"

이처럼 처음에는 전세를 안고 집을 산다는 말도 이해하지 못할 정도로 초심자가 있었으나 이후 역세권, 용적률, 건폐율, 재건축, 재개발, 입주자 모집 공고, 청약가점, LTV, DTI 등 부동산 관련 용어를 접하면서 부동산 시장과 친숙해졌다. 또 전세를 끼고 사거나 전세를 안고 사는 사람들에 관해 얘기하면서 자연스럽게 다주택자의 존재도 알게 됐다. 이름 그대로 주택을 여러 채, 법적으로는 2채 이상 소유한 사람을 다주택자라고 부른다.

한평생 집을 소유한 적이 없는 부모 밑에서 자란 나는 '집이 있다'는 사실 자체가 부러웠다. 그런 상황에서 처음에는 '집이 여러 채 있다'라는 것은 아예 상상조차 할 수 없었다. 그런 개념은 성인이 되어서도 한참이 지나서야 알았다.

2003년 군대를 제대한 후 건축학과에 복학하고 졸업을 준비할 때였다. 당시 주거론을 배우고 설계와 도시공학 등을 배울 때도 다주택자에 대한 개념은 없었다. 건축과 도시는 책 속의 얘기였다. 그러다 아르바이트 삼아 서울시 모처의 재건축 수주전 일을 하게 되면서, 어느 조합원의 집에 홍보물을 전달하러 방문한 날이었다.

집 벽면이 온통 여행 사진으로 도배되어 있었다. 내가 들어가자 과일을 깎아서 내줄 정도로 환대해주어 기분이 좋았다. 당시 LG건설(현재의 GS건설) 배지를 달고 있던 나에게 신입직원이냐고 물어보더니, 곧바로 우리나라에서 부자가 되려면 전세를 끼고 집을 여러 채 사야 한다고 조언했다.

막 사회생활을 시작한 나는 집을 여러 채 살 수 있다는 것도 처음 듣는 말인데, 전세를 끼고 집을 산다는 개념은 아예 모르는 상태여서 '이 사람이 무슨 소리를 하나' 싶었다. 어리둥절한 내 표정을 읽은 그 조합원은 이후 내게 부동산 투자에 관해 일장 연설을 하기 시작했다. 거의 3시간에 걸친 설명을 들으면서 나는 그가 어떤 식으로 자산을 모았는지, 심지어 소유한 주택이 10채 이상이라는 사실도 알았다. 그는 매월 보유한 주택의 전세 만기가 돌아오면 달마다 새로 계약을 한다고 했다. 계약을 새로 할 때마다 정말 뿌듯하다며, 마치 붕어빵이 한 바퀴 돌면 다 익어서 노릇하게 나오듯, 전세도 그렇게 붕어빵 판 돌아가듯이 매월 반복해서 뒤집는다고 했다. 전세 계약이 2년 단위이니 매월 만기라면 주택 수만 24채라는 소리인데, 약간 과장했다고 하더라도 그 조합원이 소유한 집이 많은 것만은 분명했다. 이것이 내가 다주택자를 처음 만나고 제대로 이해한 순간이었다.

갭투자와 실수요자의 구분, 자금조달계획서

2017년 이후부터 정부가 시장을 바라보는 프레임이 간단해졌다. 자금조달계획서라는 서류가 등장하면서부터다. 이를 통해 정부는 주택을 구입한 사람이 실거주 목적인지, 투자 목적인지를 구분하기 시작했다. 이 방식이 옳으냐 그르냐를 떠나, 이 서류가 등장한 이후 정부가 발표하는 거의 모든 시장 설명 자료에서 활용되었다. 즉, 시장을 '투기적'이라고 묘사할 때도 자금조달계획서가 활용되고, 시장이 '안정적'이라고 할 때도 자금조달계획서를 통해서 설명한다.

주택 취득 자금 조달 및 입주 계획서는 2017년 9월 27일 처음 등장했고, 이후 자금조달계획서라는 이름으로 불린다. 이 양식은 2020년 3월 이전까지는 '투기과열지역 이상에서 3억 원 이상의 주택을 구입할 때만' 작성하게 했다. 즉, 서울, 분당, 과천, 대구 수성, 광명 등이 여기에 해당한다. 이 양식에서 중요한 것은 자기 자본과 차입금을 구분한다는 것이고, 특히 갭투자를 판정하는 기준으로 차입금 칸 중 '임대보증금 등'을 선택하고 금액을 기입한다면 갭투자자로 본다.

예를 들어 4억 원의 아파트를 매입할 때, 자기 자본 2억 원과 금융기관 대출액 2억 원(주택담보대출)을 받아서 매입한 경우와 2억 원의 전세를 끼고 매입한 경우의 자금조달계획서는 작성 방식이 다르다. 전자는 자본 2억, 대출 2억, 후자는 자본 2억, 보증금 2억이라고 쓴다. 후자는 자연스럽게 갭투자자가 된다.

주택 취득 자금 조달 및 입주 계획서

※ 색상이 어두운 난은 신청인이 적지 않으며, [ ]에는 해당되는 곳에 √ 표시를 합니다. (앞쪽)

접수번호		접수일시		처리기간	
제출인 (매수인)	성명(법인명)			주민등록번호(법인·외국인등록번호)	
	주소(법인소재지)			(휴대)전화번호	
① 자금 조달계획	자기 자금	② 금융기관 예금액	원	③ 부동산매도액 등	원
		④ 주식·채권 매각대금	원	⑤ 증여·상속	원
		⑥ 현금 등 기타	원	⑦ 소계	원
	차입금등	⑧ 금융기관 대출액			원
		주택담보대출 포함 여부 [ ]포함 [ ]미포함 * 금융기관 대출액 있는 경우만 기재		기존 주택 보유 여부 [ ]미보유 [ ]보유 (건) * 주택담보대출이 있는 경우만 기재	
		⑨ 임대보증금 등	원	⑩ 회사지원금·사채 등	원
		⑪ 그 밖에 차입금	원	⑫ 소계	원
	⑬ 합 계				
⑭ 입주 계획		[ ]본인 입주 [ ]본인 외 가족 입주 (입주 예정 시기: 년 월)		[ ]임대 (전·월세)	[ ]기타 (재건축 등)

그 때문에 주택을 구입할 때 실제 갭투자자인지, 아니면 전세를 끼고 매입했으나 향후 2년 내 입주 예정이어서 미리 주택을 구입한 실수요자인지 그 본질을 떠나, 매수 시점을 기준으로 보증금을 승계하고 매수를 하였다면 자금조달계획서상에는 갭투자자로 판정된다는 것이 중요하다. 실수요자인데 미리 샀다고 주장하는 사람을 나 역시 여럿 보았으나, 매수 시점 기준 그는 갭투자자로 분류된다.

안타깝지만 정부는 자금조달계획서의 분석 내용을 공개하지 않고 있다. 국토부만 이 정보를 집계하고 있으며 주요 정책 발표 시점이 되어야 통계를 공개하곤 한다. 그 때문에 국회의원 중 국토위원회 소속 의원들이 여야를 떠나 국토부에 자금조달계획서의 분석 정보를 요청하곤 하며, 이것이 일반에게 공개되는 경우를 제외하고는 공개하지 않기 때문에 나 역시 원본을 구하기 어렵다. 그러나 국토부가 자금조달계획서의 분석을 토대로 정책을 낸다는 것만은 확실히 알게 되었다.

3~4장에서 살펴볼 2010년대의 부동산 시장 변화와 그에 따른 총 18번 이상 정부의 대응책이 나오는 과정에서 이처럼 자금조달계획서가 가장 큰 역할을 했다고 해도 과언이 아니다. 특히 보증금 승계로 주택을 구입하는 사람들, 즉 갭투자자가 많아질 때 주택가격 상승률이 가파르게 올라갔다. 반대로 보증금 승계가 아니라, 주택담보대출 등을 받아서 주택을 매입하는 실수요자의 비중이 높아질 때, 시장의 가격 상승률이 안정화되었음을 이 서류가 등장하면

서 분명히 알게 됐다. 갭투자 비중이 높으면(50% 초과) 가격 상승, 낮으면(50% 이하) 가격 안정화, 이를 공식처럼 외우도록 하자. 이것이 부동산 시장의 가격과 상관성이 가장 높은 변수다.

---

*갭투자: 매매가와 전세가의 차이가 작을 때 그 차이만큼의 돈만 갖고 전세를 끼고 매입하는 투자 방식이다.

부동산으로 번 돈에 대한
세금은 얼마일까?

부동산과 관련하여 외부 세미나를 할 때마다 가끔 던지는 질문이 있다.

"2014년에 제가 서울 소재 아파트를 5억 원에 한 채 샀다고 합시다. 저는 1주택자입니다. 그리고 이 집을 2020년에 9억 원에 판다면, 이때 제가 내야 하는 양도소득세는 얼마일까요?"

이 간단한 질문을 던질 때, 답변하는 사람은 부동산을 공부하거나 경험한 사람이고, 그렇지 않은 사람은 부동산을 제대로 공부해 본 적이 없는 사람일 것이다. 한번은 건설회사에서도 같은 질문을 했는데, 의외로 이 질문에 답변하는 사람이 별로 없었다.

정답은 '0원'이다.

2014년 5억 원에 매수하여 2020년에 9억 원에 매도한 1주택자가 내야 할 양도소득세는 0원이다. 즉, 매각차익은 약 4억 원이나 되지만 세금은 0원이다.

이유는 '1주택자 비과세 9억 원'이라는 제도가 있기 때문이다. 여기서 비과세란 말 그대로 9억 원분에 대해서는 과세하지 않는다는 의미다.

질문을 살짝 바꿔서, 같은 상황인데 9억 원에 매각하는 것이 아니라 10억 원에 매각한다면 양도소득세는 어떻게 될까? 이 경우 '1주택자 9억 원 비과세'이므로 매각차익이 5억 원이라 0원일까 아니면 세금을 낼까? 정답은 세금을 낸다는 것이다. 다만 아주 조금.

'9억 원 비과세'는 총 매각이익 중에서 '9억 원'에 해당하는 비율만큼은 비과세한다는 것을 의미한다. 가령 5억 원에 매수하고, 10억 원에 매도했다면 양도차익은 5억 원인데, 이 중 비과세분 계산은 '9억 원/10억 원(매도가격)' = 90%다. 총 매각차익 5억 원 중 90%인 4억 5천만 원분은 비과세되고, 나머지 잔여 5천만 원은 과세 대상이 된다.

만약 5억 원에 산 1주택을 15억 원에 10년 후 매각한다고 가정할 때도 역시 '9억 비과세'는 작동한다. 이 경우 비과세되는 부분은 '매각차익(15억 원 - 5억 원) × 9억 원/15억 원(60%) = 6억 원이 된다.

이쯤 되면 계산은 간단해 보인다. 양도소득세 계산에서 맨 먼저 할 일이 바로 '비과세' 적용 여부인 것을 알 수 있다. 그런데 비과세만 계산하면 끝나는 것이 아니다. 이제는 '공제'를 적용할지를 결정해야 한다.

우리나라 세법에서는 주택을 장기간 보유하는 경우에, 장기보유 특별공제(이하 장특공제)라는 이름으로 일정 비율만큼 공제를 적용한다. 일반적으로는 매년 2%씩, 총 15년에 최대 30%를 공제해준다. 2018년 말까지는 1년에 3%씩, 최대 10년 30%를 공제해주었다. 공제 개념을 이해하기 위해서 앞의 사례를 다시 이용해보자.

5억 원에 매수하고, 10년이 지나 15억 원에 매도한 경우인 1주택자라면, 먼저 9억 비과세를 적용한다. 그래서 총 매각차익인 10억 원(15억-5억)에 60%(9억/15억)인 6억 원을 비과세하면 4억 원의 과세 대상 금액이 나온다. 이 금액에 장특공제를 적용한다. 특히 1세대 1주택자의 경우에 적용하는 특별 공제율은 말 그대로 특별한 공제율을 적용한다. 1년 2%가 아니라 1년에 8%씩 최대 10년 80%의 공제를 적용하는 것이다. 그렇다면 위 1주택자 사례에서 공제 금액은 4억 원 × 공제율(80%) = 3억 2천만 원이 되고, 공제 후의 과세 대상 금액은 8천만 원으로 줄어든다.

과세표준 8천만 원에서 기본 공제 250만 원을 추가로 제외한 7,750만 원이 비로소 과표가 되고, 이 과표에 '소득세율'을 곱하는 것이 양도소득세다.

이 경우 소득세율도 '기본 세율'이냐 '중과세율'이냐로 나뉘는데, 1주택자의 경우에는 기본 세율이고, 조정지역 2주택자 이상일 때 중과세율을 적용받는다.

기본 세율은 말 그대로 직장인이 급여를 받을 때 내는 소득세를 의미한다. 현 소득세율은 연 1,200만 원 이하는 6%, 1,200~4,600만 원까지는 15%, 4,600~8,800만 원까지는 24%, 8,800만~1억 5천만 원까지는 35%, 1억 5천만~3억 원까지는 38%, 3~5억 원까지는 40%, 5억 초과부터는 42%의 세율을 적용한다. 아울러 소득세에는 10%의 지방소득세가 가산되므로 6%는 6.6%로, 42%는 46.2%(42% + 4.2%)가 된다. 기본 소득세율은 그래서 6~42%인데, 지방소득세를 포함하면 6.6~46.2%가 된다. 이 세율이 주택을 매도할 때 내는 양도소득세에 적용된다.

위 사례의 경우 과세표준인 7,750만 원에 대한 세금은 24%를 곱하고 누진 공제인 522만 원을 차감하여 나오는 금액이다. 이것이 실제 내야 할 양도소득세다.

여기까지 잘 따라왔다면 실수요 1주택자의 경우 5억 원에 주택을 취득하고 10년 후 15억 원에 매각했을 때, 매각차익은 10억 원이지만 '9억 비과세'와 '장기보유특별공제', 그리고 '세율'을 모두 적용하여 약 1,500만 원 수준의 양도소득세를 내는 것을 알 수 있다. 양도차익 대비 실제로 내는 세금을 의미하는 실효세율로는 1.5%에 불과하다. 그만큼 1주택자는 세율이 낮다. 세금이 적다는 것은 세법적으로는 상당히 '권장'한다는 의미이므로, 1주택 실수요자가 된다는 것은 언제나 한국에서는 권장되는 일이다.

다주택자들은
세금을 얼마나 더 낼까?

앞서 1주택자들의 세금을 살펴봤는데, 다주택자들은 세금을 어떻게 낼까?

여기 5억 원의 주택을 매수하고, 10년 이상 보유하여 현재 시세 15억 원이 되는 주택을 3채 보유한 다주택자가 있다.

주택의 양도소득세는 앞서 살펴봤듯이 ①'9억 비과세'와 ②'장특공제', ③세율, 이렇게 3단 구조로 세금을 계산한다. 다주택자에게도 그대로 적용해보자.

1단계는 '9억 비과세'이다. 다주택자에게는 9억 비과세가 적용되지 않는다. 9억 비과세는 오직 1주택자만을 위한 혜택이다. 아주 제한적으로 '일시적 2주택자'라고 하여 첫 번째로 취득한 주택을 보유한 채 1년이 지난 시점에 두 번째 주택을 매수하고, 첫 번째의 집을 3년 이내에 매도하는 경우에 '9억 비과세'를 적용한다.

그러나 3주택 이상이거나, 아니면 두 번째 주택을 취득하고 3년이 이미 지났다면 '영구 2주택자'가 되어 '9억 비과세' 혜택은 챙기지 못한다.

위 사례에서 5억 원에 매수하고 10년 뒤 15억 원에 매도하는 다주택자라면, 그는 '9억 비과세'를 적용받지 못하고 매각차익 10억 원이 그대로 과세 대상 금액이 된다.

2단계는 장특공제다. 1주택자의 경우 장특공제 중에서도 1년마다 8%라는 가장 높은 공제율을 적용받아서 10년이면 최대 80%의 공제를 받는다. 그러나 다주택자가 조정지역에서 주택을 매각할 때는 이런 높은 수준의 공제가 없다. 2018년 12월 말일까지 매각하는 다주택자들에게는 원래 1년에 3%씩, 최대 10년 30%의 장기보유공제가 존재했다. 그런데 이런 다주택자 장기보유공제는 2017년 8.2대책 때 사라졌다. 다주택자가 조정지역에서 주택을 매각한다면, 장특공제를 0%로 한다는 것이 8.2대책의 주요 내용이었다. 이에 매각차익 10억 원은 비과세도 못 받고 장특공제도 못 받아, 그대로 과세 대상 금액이 된다. 과세금액이 커진 것이다. 다주택자의 고통은 여기서 끝이 아니다.

3단계는 세율이다. 1주택자의 경우에는 기본 세율인 6~42%를 부과하지만, 다주택자의 경우 조정지역 2주택자라면 10%포인트를 가산한 16~52%를 적용한다. 3주택자 이상이라면 20%포인트를 가산하여 26~62%의 세율을 적용한다. 이를 '중과세율'이라고 한다. 현재 3주택자 중과세율은 지방소득세 추가 납입 10%를 고려하면 7할 수준의 세금이다.

그러므로 위 사례처럼 5억 원에 매수한 주택을 10년 동안 보유하고 15억 원에 매도하여 매각차익이 10억 원일 때, 만약 매도자가 3주택자이고 매도 시점도 8.2대책 효과가 발휘된 2018년 4월 1일 이후에 매도한다면 비과세 제로, 공제 제로, 3주택 중과세율을 적용해 양도소득세 계산은 다음과 같다.

> 매각차익 = 15억 원 - 5억 원 = 10억 원
> - 9억 비과세: 해당 없음. 따라서 과세 대상 10억 원
> - 장기보유공제: 해당 없음. 따라서 과세 대상 10억 원
> - 세율: 중과세율 적용. 따라서 세율 68.2%(62% + 지방소득세율 10%인 6.2% 추가)를 적용하여 양도소득세는 6.4억 원

이렇게 계산하면 양도소득세는 총 6.82억 원인데, 누진 공제 3,540만 원을 차감하면 약 6억 4천만 원이 된다.

8.2대책이 적용된 날인 2018년 4월 1일 이전까지는 다주택자에게도 '장기보유특별공제 최대 10년 30%'가 존재했다. 세율도 일반 세율이었다. 그래서 위 사례에 적용하면 양도소득세 계산은 다음과 같이 나온다.

> 매각차익 = 15억 원 − 5억 원 = 10억 원
> − 9억 비과세: 해당 없음. 따라서 과세 대상 10억 원
> − 장기보유공제: 10년 30%. 따라서 과세 대상은 7억 원(10억 원의 30%인 3억 원 공제)
> − 세율: 기본 세율 적용. 따라서 세율 46.2%를 적용하여 양도소득세는 약 2.9억 원

같은 매각이익 10억 원 사례에서 1주택자는 세금이 고작 1,500만 원이고, 8.2대책 전 다주택자는 2억 9천만 원이며, 8.2대책 후 다주택자는 무려 6억 4천만 원이다. 가장 낮은 세금과 가장 높은 세금의 차이가 무려 40배 이상 날 정도로 벌어졌다.

요컨대 1주택자는 양도소득세의 실효세율이 한 자릿수로 가장 낮다. 매각차익이 일반적인 서민들이 만지기 어려운 10억 원이라고 하더라도 1주택 실수요자들이 내는 세금은 아르바이트로 최저시급을 받고 내는 소득세율보다도 낮다.

반면 다주택자는 10년 보유자의 경우 30% 장특공제를 통해 실효세율 25~30% 수준의 세금을 내야 한다. 이 세율은 보는 시각에 따라 다르겠지만, 일반적인 법인세율이나 고소득층의 실효소득세율과 비슷한 수준이어서 나름대로 균형감 있는 세율에 가깝다.

다주택자를 규제하라, 집값이 잡힐지어다
- 8.2대책

문재인 정부 출범 후 처음으로 2017년 6월 19일(6.19대책)에 부동산 대책이 발표된다. LTV 한도를 종전 70%에서 60%로 10%포인트 낮추는 정책이었다. 시장에서는 정권 교체 이후, 김수현 전 청와대 정책실장과 김현미 국토부 장관이 주도하는 강력한 부동산 시장 규제책이 나오리라 예상하고 미리 몸을 사리던 상황이었다. 그런데 막상 발표된 대책은 솜방망이 수준이었다. 그러자 6.19대책 발표 후 두 달도 안 된 7월, 주간 주택가격이 전국 기준 0.11~0.33%로 큰 폭의 상승세를 보인다. 이 정부 들어서도 주택가격이 상승하기 시작한 것이다. 주간 0.2%의 상승은 연간 10% 이상의 상승을 의미한다. 연간 두 자릿수의 급격한 상승은 2010년대 들어서는 없었던 일이므로 정부에 확실한 부담으로 작용했다.

정부는 누가 시장에서 주택을 매수하는지, 그 주체를 분석하기 시작한다. 정부는 유주택자가 매매 시장에서 차지하는 비중이 2006~2007년의 31.3%에서 2013~2017년의 43.7%로 상승한 점이 가장 큰 원인이라고 진단했다(이 당시까지는 자금조달계획서가 없었다). 즉, 이미 집이 있는데 추가로 구매하거나, 단기 갈아타기를 통해서 주택을 지속해서 구매하는 사람들이 평소보다 증가한 것이 시장 불안의 원인이라는 점을 명확히 했다. 이는 실수요보다는 투기수요에 가깝다. 특히 유주택자 중에서도 다주택자의 주택 구매가 가격 상승에 미치는 영향이 크다는 것이 정부의 생각이었다.

다주택자들이 집을 필요 이상으로 많이 매수하기 때문에 주택가격이 상승했다고 해석한다면 나올 대책은 뻔했다. 바로 다주택자들을 향한 규제 강화다.

정부는 부동산 시장에 투기수요가 강하다는 점을 확인했다. 그래서 정부의 시장 안정화 의지를 보여주기 위해서 당시로서는 가장 강력한 규제책인 8.2대책(2017년 8월 2일)을 발표했다. 8.2대책은 투기지역이나 투기과열지구를 새롭게 지정함으로써 여러 가지 규제들이 씨줄과 날줄로 복잡하게 얽혀 있었다.

이때 시장에서는 정부가 규제책을 내리라 예상은 했지만, '투기지역'이 재등장하리라 전망한 사람은 거의 없었다. 그런 의미에서 8.2대책은 시장에 충격으로 받아들여졌다. 더불어 김현미 장관의 "사는 집 아니면 다 파시라"는 발언도 경고로서 충분히 작용했다.

그래서 많은 전문가가 8.2대책은 '상당히 센 부동산 정책'이라고 평가했다.

전방위적 규제책이 나오다

실제로 8.2대책의 구체적인 내용을 보면, 상당한 규제 내용을 담고 있었다. 먼저, 다주택자를 규제하기 위해 '소득세율'에서 양도소득세 중과를 없앴던 2014년 9.1대책을 다시 뒤집었다. 양도소득세의 ①비과세 ②공제 ③세율의 구조에서 세율을 우선 중과세율로 인상한 것이다. 물론 중과세율은 전국을 대상으로 하는 게 아니라 청약조정지역 내의 부동산을 다주택자가 매각할 때 적용했다. 투기과열·투기지역 역시 중과세율이 적용됐다. 이로써 청약조정지역은 종전의 분양권 거래만 되지 않던 규제를 넘어서, 다주택자들이 양도소득세를 중과로 내야 하는 부담까지 더해졌다.

동시에, 대출을 여러 건 받아 주택을 구입하는 사람들을 규제하기 위해서 대출 조건 역시 본격적으로 강화한다. 6.19대책에서는 겨우 10%포인트의 LTV·DTI 강화에 그쳤으나 8.2대책에서는 투기과열지구의 LTV를 종전 60%에서 신규 40%로 낮춘다. 이제야 비로소 박근혜 정부의 활성화 대책 이전인 50% 수준보다 더 낮아진 것이다. 여기서 한발 더 나아가 투기지역에서는 원래 주택담보대출이 '건별'로 진행되는데, 이를 '세대당'으로 제한함으로써 사실상 한 세대에 주택담보대출을 1건만 받을 수 있게 강화했다. 이는 그간 나왔던 가계대출 강화 중 가장 강력한 수준이었다.

다주택자들은 재개발·재건축 등 정비사업이 좋아질 것을 예상하고 미리 여러 대상 주택을 취득해놓았기 때문에, 입주권 시장의 과열을 막기 위해 정비사업 내용도 손을 봤다. 재건축·재개발과 같은 정비사업은 관리처분 인가 후부터 소유권 이전 등기 시까지 조합원의 입주권 거래를 막았다. 단 예외사항으로 10년 이상 보유하고, 5년간 거주한 경우에만 조합원 입주권의 거래를 허락했다. 이로 인해서 완전히 사라진 건 아니지만, 거래할 수 있는 조합원 입주권은 상당히 희소해질 수밖에 없었다.

재건축은 사업 초기부터도 쉽게 거래할 수 없게 했다. 조합 설립 인가 이후의 재건축사업에 해당하는 주택은 조합원 지위를 양도할 수 없도록, 즉 팔 수 없게 했다. 조합원 지위는 조합 설립 후 3년 내 사업 인가 신청이 없고 3년 이상 소유한 사람이나, 혹은 사업 시행 인가를 신청한 조합인 경우 3년 내 착공하지 못하고 3년 이상 소유한 경우에만 조합원 지위를 양도할 수 있게 했다. 조건에 맞지 않는 주택을 양도한 경우, 이를 매수한 사람은 현금청산 대상자가 된다. 그만큼 재건축에 대한 규제를 강화했다.

또 '재당첨 제한'이라는 새로운 규제를 시작했다. 이는 투기과열지구(서울 및 과천 등)에서 정비사업의 분양에 당첨(조합원이 입주권으로 당첨된 경우도 해당)된 경우에는 5년간 타 정비사업의 일반 분양을 받을 수 없다는 내용이다. 다주택자들 대부분이 여러 재건축사업에 투자하는 경향이 있는 만큼 이 제도가 시행되면 5년 안에는 반드시 1개의 정비사업에만 당첨될 수 있다는 말이었다. 다만 소급 적용할 수는

실수요 보호와 단기 투기수요 억제를 통한 부동산 시장 안정화

투기수요 차단 및 실수요 중심의 시장 유도		실수요·서민을 위한 공급 확대	
과열지역에 투기수요 유입 차단	실수요 중심 수요 관리 및 투기수요 조사 강화	서민을 위한 주택 공급 확대	실수요자를 위한 청약제도 등 정비
• 투기과열지구 지정 – 서울 전역, 경기 과천, 세종 • 투기지역 지정 – 서울 11개 구, 세종 • 분양가상한제 적용 요건 개선 • 재건축·재개발 규제 정비 – 재건축 초과이익환수제 시행 – 재개발 분양권 전매 제한 – 재개발 임대주택 의무 비율 상향 – 재건축 등 재당첨 제한 강화	• 양도소득세 강화 – 다주택자 중과 및 장기보유특별공제율 배제 – 비과세 실거주 요건 강화 – 분양권 양도세율 인상 • 다주택자 금융 규제 강화 – 투기지역 내 주택담보대출 제한 강화 – LTV·DTI 강화(다주택자) – 중도금 대출 요건 강화(인별에서 세대별로) • 다주택자 임대등록 유도 • 자금조달계획서 등 신고 의무화, 특별사법경찰제도 도입	• 수도권 내 다양한 유형의 주택 공급 확대를 위한 공공택지 확보 • 공적 임대주택 연간 17만 호 공급 – 수도권 연간 10만 호 • 신혼희망타운 공급 – 5만 호(수도권 3만 호)	• 청약제도 개편 – 1순위 요건 강화, 가점제 확대 등 • 지방 전매제한 도입 – 광역시 6개월, 조정대상지역 1년 6개월~소유권 이전 등기 시 • 오피스텔 공급 관리 개선

없으므로 법 개정 이후에(2017년 10월 24일) 정비사업 주택을 새로 취득해서 그 주택에서 조합원 분양을 받거나 일반 분양에 당첨된 경우에만 적용한다는 내용이 그나마 위안이 될까.

재건축은 투자해도 성과가 나지 않도록 초과이익환수제를 부활시켰다. 초과이익환수제란 재건축 아파트가 준공된 시점에 개발이익을 미리 내라는 것이었다. 아직 팔지도 않은 부동산의 개발이익을 준공과 함께 현금으로 내라는 제도이므로, 재건축조합들은 초과이익환수제를 회피할 수 있느냐, 없느냐를 두고 머리 아픈 경쟁을 할 수밖에 없었다. 초과이익환수제의 경우 선례조차도 거의 없었다. 그 때문에 초과이익환수제를 회피하는 것만이 재건축조합이 할 수 있는 최선이었다. 이 과정에서 너무 속도를 내다 보니 재산권 분쟁 등 훗날 여러 가지 더 큰 문제가 생겨나는 단지들도 속출한다.

이처럼 8.2대책은 여러 측면에서 시장에 충격을 주었다. 다주택자에 대한 규제는 종합부동산세만 제외하고 거의 모든 종류의 전방위적 규제가 나왔다 해도 과언이 아니었다.

당시에 다주택자들이 전세를 끼고 집을 사기도 했지만, 대출을 끼고 주택을 여러 채 사기도 했다. 이런 상황에서 투기과열지역 이상에서는 LTV 40%를 적용하는 대출 규제를 시행했다. 이는 대출을 규제한 것이었지만 결국 다주택자에 대한 규제이기도 했다. 한마디로 8.2대책은 시장을 철저히 '실수요 중심'으로 재편하기 위한 대책이었다.

  그러나 8.2대책 발표로 움츠러들었던 부동산 시장은 그해 12월 임대주택등록활성화 방안이라는 제도를 만나면서 또다시 날개를 단다.

***초과이익환수제**: 재건축으로 조합원이 얻은 이익이 인근 집값 상승분과 비용 등을 빼고 1인당 평균 3천만 원을 넘으면 초과 금액의 최고 50%를 부담금으로 환수하는 제도다.
***종합부동산세**: 지방자치단체가 부과하는 종합토지세 외에 일정한 기준을 초과하는 토지와 주택의 소유자에 대해서 국세청이 별도로 누진세율을 적용하여 부과하는 조세다. 주택자는 공시가격 6억 원(1세대 1주택 9억 원) 이상, 토지 소유자는 공시가격 5억 원 이상이면 납부 대상이다.
***전매제한**: 전매는 분양받은 아파트에 입주하기 전 해당 아파트에 대한 모든 권리를 다른 사람에게 파는 것을 말한다. 전매제한은 부동산 투기를 억제하기 위해 지역에 따라 최장 10년간 다른 사람에게 팔 수 없게 한 제도다.

2018 전국 부동산 상승장의 이유
- 임대주택등록활성화 방안

2017년 8.2대책이 발표된 후 연말에 조정을 거쳐 2018년 봄이 되면서 서서히 주택가격이 재상승하기 시작했다. 그리고 2018년 한 해는 2010년대 이후 가장 상승폭이 큰 해로 마무리된다. 어째서 그랬던 걸까? 8.2대책의 영향이 없었던 걸까? 2018년을 분석하는 것은 나중에 일어날 변화를 이해하는 핵심이어서 의미가 있다.

먼저 8.2대책이 발표될 때까지 다주택자들이 처한 환경은 그리 호락호락한 상황이 아니었다. 외려 궁지에 몰려 있었다. 이때의 상황을 요약하면 다음 세 가지로 정리할 수 있다.

1. LTV가 40%로 강화되면서 서울, 광명, 과천, 분당 등에서 대출을 끼고 주택을 사는 일이 어려워졌다. 즉, 대출을 끼고 주택을

여러 채 매입하는 것은 불가능해졌다. 이 정책은 다주택자는 물론 무주택자에게도 상당한 규제로 작용했다.

2. 반면 전세 끼고 주택을 여러 채 사는 방법 자체에 대한 규제는 없었다. 외형상 다주택자 규제를 강화한 것은 맞지만 그 규제라는 것이 오직 주택을 매도할 때만 적용됐다. 즉, 매도할 때 '비과세 적용 없고, 공제도 없고, 소득세율은 중과세율'이라는 삼중 규제를 적용해서 가장 높은 수준의 양도소득세를 내야 하는 것이 유일한 부담이었다. 주택을 팔지 않으면 규제가 없는 것과 마찬가지였다.

3. 이 시점까지는 문재인 정부의 부동산 공급 대책이 없었다. 과거 박근혜 정부에서는 시장 활성화 차원에서 '공급 중단-수요 촉진'이라는 명확한 방법을 사용했으나, 문재인 정부의 대책 초반에는 공급 대책이 빠져 있었다. 신도시를 포함한 공급 정책은 훗날 2019년이 다 되어서야 뒤늦게 발표되었다. 이런 식으로 시장이 과열될 환경이 조성되고 있었다.

종합해본 결과, 다주택자들은 '양도소득세만 어떻게든 피하면 된다'라는 합리적 결론에 도달한다. 왜냐하면 박근혜 정부에서 시작된 공급 부족-수요 촉진으로 인한 대세 상승기를 어쩌면 나 홀로

독식할 수 있는 상황일 수도 있기 때문이다. 바야흐로 8.2대책을 맞으면서 부동산 시장에서 양도소득세는 가장 중요한 세금으로 떠오른다.

일부 용감한 다주택자들은 문재인 정부 기간에는 집을 팔지 말고 더 사야 한다고 주장한다. 19대 대선을 거치면서 한 대선후보가 '패싱'이라는 말을 하면서 유행어가 된 적이 있다. 다주택자들은 소위 문재인 정부 시절에만 집을 팔지 않으면 된다며 '문재인 패싱'을 공공연하게 떠들곤 했다.

임대사업자등록제도의 재발견

8.2대책이 나오고 나서 2017년 12월, 상황이 180도 달라졌다. 정부는 임대사업자 등록과 관련하여 본격적인 혜택을 제공하는 내용의 정책을 발표했다. 다주택자들이 유일하게 걱정했던 양도소득세를 주택임대사업자로 등록하면 혁신적으로 낮출 수 있는 길을 열어준 것이다. 정부가 합법적으로 다주택자들을 대거 양산하는 것과 마찬가지였다. 이때 임대사업자 등록 활성화를 열렬히 추진하던 인물로 알려진 사람이 바로 『부동산은 끝났다』의 저자인 김수현 전 정책실장이었다.

앞서 양도소득세는 '비과세 – 공제 – 소득세율'이라는 3단 구조로 이뤄져 있다고 자세히 설명했다. 그리고 8.2대책은 다주택자들을 '비과세 적용 없고, 공제도 없고, 소득세율은 중과세율'인 3단 구조에 놓이게 하여 양도소득세 부담을 극대화했다. 특히, 조정지역에서의 주택 매각 시 장기보유공제가 종전 1년 3%에서 아예 0%로 삭제한 것이 가장 치명적이었다.

그런데 12월 임대주택등록활성화 방안에 다주택자라 하더라도 투자한 주택을 임대사업자로 등록하고 그 주택이 일정 기준만 충족한다면, 장기보유공제를 10년 0%에서 8년 70%로 '특별공제'를 적용한다는 내용을 담았다. 공제는 상당히 중요한 제도이다. 가령 공제가 100%라면 세금이 아예 없다는 의미이기 때문이다.

특별공제를 도입하면서 다주택자의 양도소득세가 실제로 어떻게 변화하는지를 간단한 사례로 살펴보자.

주택을 5억 원에 산 후 15억 원에 파는 경우를 생각해보자. 일반적인 조정지역 내 다주택자라면 매각차익 10억 원에 대해서 '비과세 없고, 공제도 없고, 중과세율'을 적용받으므로 이론상 최대 6.4억 원의 양도소득세를 내야 한다.

그런데 임대사업자로 등록하고 8년간 보유할 경우, 8년 70%의 장특공제를 적용하면 어떻게 될까? 공제 전 10억 원의 매각차익에서 70%인 7억 원이 공제되고 나머지 3억 원에 대해서만 과세표준이 된다. 이후 기본 세율이든 중과세율이든 어떤 세율을 적용해도 큰 부담이 되지 않는다. 약 1.7억 원 정도의 세금만 내면 된다. 6.4억 원에서 1.7억 원이라는 차이, 이 차이는 매각차익의 36%만 가져갈 것이냐, 83%를 가져갈 것이냐를 뜻한다. 다주택자들은 '8년 70%'라는 장특공제에 순식간에 열광한다.

 2017년 12월에 발표한 '임대주택등록활성화 방안'은 바로 이런 내용을 담고 있었다. 궁지에 몰린 다주택자들에게 '8년 70%'라는 장특공제를 부여할 테니 임대사업자에 등록하라고 종용하는 내용이었다. 주택임대사업자란 민간 임대주택을 1채 이상 취득하여 임대사업을 할 목적으로 등록한 자를 말한다. 임대사업자로 등록하면 세제 혜택을 받을 수 있다. 지방세, 임대소득세, 양도소득세, 종합부동산세 등을 감면받을 수 있다. 이 정책은 그야말로 가뭄에 비가 온 듯 다주택자들에게 압도적인 환영을 받았다. 장특공제를 받는 조건은 오직 임대사업 등록 대상 주택이 국민주택 규모 이하의 면적 기준만 충족하면 됐다. 가격은 상관이 없었다. 시가든 공시가격이든 그게 10억이든 20억이든 면적만 소형이라면 8년간 장기 일반주택으로 임대등록을 했을 때, 최대 70%의 공제를 받을 수 있었다. 이것은 가히 마법이었다.
 효과는 즉시 나타났다.
 2017년 4분기에 다주택자들이 전세를 끼고 주택을 매수하는 비중이 겨우 40%대 수준에 불과하고, 월평균 임대사업자 등록도 월

1만 건 수준이었다. 그런데 12월 임대주택등록활성화 방안이 발표된 이후 전세를 낀 갭투자 비중이 순식간에 65% 수준으로 치솟았다. 주택 거래량은 2018년 사상 최고치를 찍었다. 무엇보다 다주택자들의 임대사업자 등록 건수가 월평균 2.5만 건에 이르렀다. 특히 2018년 3월이나 9월에는 평년 1년 치에 해당하는 9만 건 이상의 임대사업자 등록이 한 달 만에 이뤄지기도 하면서 그야말로 투기수요의 끝을 보여주었다.

임대주택등록활성화 방안이 애초에 다주택자들을 살리기 위한 정책이었는지, 진정 임대업을 선진화하기 위한 정책이었는지 그 취지는 정확히 모르겠지만 이 제도를 발표함으로써 2018년은 그야말로 다주택들을 대거 양산하는 한 해가 되고 말았다.

그리고 부동산 시장의 시가총액은 2017년 말 4,300조 원에서 2018년 말 4,900조 원으로 1년 기준 최대 상승폭을 기록한다. 특히 다주택자들이 갭투자를 활용하여 전세를 끼고 적극적으로 매수했던 강남권을 포함해서 마포와 서대문 등 강북지역 전역의 주택가격이 상승했다. 투기과열지구든 뭐든 상관없으니 분당, 광명, 대전 등도 일제히 상승대열에 동참했다.

2018년 한 해는 그야말로 오르지 않는 지역이 없을 정도로 전국적인 상승장이 펼쳐졌다.

8.2대책과 같은 상당히 강력한 시장 안정화 대책을 발표할 때까

지만 해도 정부는 시장에 '안정화 기조'를 전달하는 데 성공했다. 그러나 임대주택등록활성화 방안을 발표하면서 8.2 대책의 다주택자 규제를 무너뜨릴 수 있는 퇴로를 스스로 크게 열어주는 그야말로 초보적인 실수를 저지른다. 이즈음부터 정부의 부동산 대책은 시장에서 '아마추어'라는 비판을 피할 수 없었다. 이미 물은 엎질러진 뒤였다.

---

* **국민주택 규모:** 전용면적 85m^2(25.7평) 이하의 주택을 말한다.
* **주택임대사업자 등록법:** 전용면적 149m^2 이하로 수도권은 6억 원 이하, 지방은 3억 원 이하의 주택일 경우 주택임대사업을 할 수 있다. 세입자가 입주한 날로부터 5년 이상 해당 주택을 임대사업에 사용해야 한다. 취득일 이전에 임대주택사업자 등록을 하면 취득세가 감면된다.

종합부동산세의 화려한 귀환
- 9.13대책

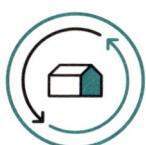

2017년 12월, 임대사업자 혜택을 담은 제도가 발표되자마자 시장은 곧바로 과열된다. 부동산 시장은 그야말로 광기 어린 모습이라고 해도 과언이 아니었다. 무주택자들은 청약을 받거나 대출을 받아서 주택을 사는 게 일반적이다. 이런 방법들은 어려워진 데 반해 다주택자들은 적극적으로 전세를 끼고 주택을 구입한 후 장기일반임대사업자에 등록함으로써 양도소득세 중과를 회피하고 종합부동산세(이하 종부세)로부터도 자유로운 갭투자의 황금시대를 만끽했다. 임대사업자 혜택이 너무나 컸기 때문에 임대등록은 순식간에 증가했다.

2017년 12월에 1.7만 호에서 2018년 1월 2.7만 호, 2월 1.9만 호를 넘어 3월에는 8만 호의 주택이 임대등록을 했다. 이후에도 평균

2만 호 이상 등록했고, 9월에 다시 7만 호가 등록하면서 2018년은 임대사업 등록의 한 해라고 불러도 지나침이 없었다.

"사는 곳 아니면 파시라"부터 "모두가 강남에 살 필요는 없다"라는 발언까지, 시장 과열과 함께 정부 관계자의 발언 모두가 조롱의 대상이 됐다. 이제 시장은 대세 상승기에 진입했음을, 설령 일부 과열 기미가 보인다고 하더라도 그 누구도 부정하는 사람이 없었다.

정부는 시장을 분석해야만 했고, 대책을 내야만 했으므로 자금조달계획서를 분석하는 데 더욱 매달렸다. 2017년 말에 등장한 주택자금조달계획서를 분석하면 주택을 살 때 자기 자본과 타인 자본

월별 임대사업자 등록 주택 수

*출처: 부동산114, 하나금융투자

을 어떻게 조달하는지를 확인할 수 있다. 특히 다주택자들의 경우 전세를 끼고 주택을 구입하고 이를 임대등록한다는 사실을 기입해야 하므로, 자금조달계획서상에서 갭투자 비중이 얼마나 되는지 확인하면 어느 지역에 투기수요가 몰리는지를 후행적으로나마 알 수 있었다.

자금조달계획서 분석을 통해 밝혀진 진실은, 예외 없이 주택가격이 상승하는 지역에는 '전세 낀 갭투자'의 비중이 전체 거래의 50%를 초과하고 종국에는 60~70%를 넘어선다는 점이었다. 예를 들어 2018년에 분당은 3분기까지 누적 평균 75% 수준으로 전국에서 가장 갭투자 비중이 높았다. 100채가 거래된다면 무려 75채가 전세 낀 갭투자 거래였다는 말이다. 그 외에도 강남 58%, 서초 59%, 송파 63%로 약 1년간 주택 매매에서 전세 낀 갭투자 비중은 60~70%대였다.

흔히들 갭투자는 몇천만 원의 소액으로 하는 것으로 알지만, 실제로는 소액으로 엄두도 못 내는 강남권 초고가 주택도 예외 없이 갭투자 대상이었다.

이런 상황에서 정부는 자금조달계획서를 본격적으로 조사하기로 한다. 그 후 늦게나마 2018년의 초강세는 바로 자신들이 만들어낸 부동산 부양책, 즉 임대주택등록활성화 방안 탓이었음을 깨닫는다. 실제 데이터만 봐도 알 수 있었다. 다주택자들의 계속되는 주택 구입과 높아진 갭투자 비중, 즉 시장의 투기수요가 2018년 부동산 시장 과열의 근본 원인이라는 결론을 내린다.

이런 진단 속에서 나올 수 있는 대책은 당연하게도 임대등록의 혜택을 없애는 것으로 자신의 정책을 부정하는 것이었다. 추가로, 다주택자들이 이미 너무 많이 양산된 상황에서 나올 수 있는 제도는 다주택자들에게 사실상 가장 강력한 규제라고 할 '보유세' 인상이었다. 그 결과, 다주택자만을 대상으로 종합부동산세를 급격히 인상하는 내용으로 2018년 9.13대책이 나왔다.

"사는 곳 아니면 다 팔아라"

보유세는 이름 그대로 보유만 하고 있어도 내는 세금이다. 국내 보유세는 재산세와 종합부동산세, 두 가지로 나뉜다. 재산세는 지방세, 종부세는 국세다. 그런데 재산세는 누구나 내지만, 종부세는 고가 주택을 취득한 경우에만 내는 것이어서, 전국적으로 종부세를 내는 사람은 50만 명이 되지 않았다. 즉, 대한민국 인구의 1%만 내는 세금이다. '종부세 한 번 내봤으면' 하는 바람을 표시하는 사람이 더 많은 그런 세금이었다.

정부는 9.13대책을 통해서 임대사업자 등록을 통한 '10년 70% 장특공제'라는 절세 혜택이 공시가격 6억 원을 넘는 고가 주택에는 불가능하도록 임대주택등록활성화 방안의 맹점을 보완한다. 저가 주택은 공공성 확보가 가능하므로 장특공제를 유지하겠지만, 고가 주택에는 유지하지 않기로 하면서 소위 '강남 규제'라고까지 불렸다. 그러나 2018년을 지나면서 강북지역을 대표하는 마포래미안푸르지오 34평형 가격이 15억 원 수준에 이르면서 공시가격 6억 원이 예전처럼 강남지역에만 적용되던 까마득하게 높은 기준이 아니었다. 따라서 서울·과천·분당 등 투기과열지구 내의 30평형대는 사실상 장기보유특별공제 배제로 투기수요 유입이 차단될 것으로 기대되었다.

반대로 공시가격 6억 원 이하이면서 전용면적 85㎡ 이하인 소형주택은 장특공제를 적용받을 수 있으므로 계속 갭투자가 가능한 상태였다. 그런데 정부는 이 부분에 대해서도 꼼꼼하게 '조정지역'이라면 소형이든 대형이든 임대등록을 하더라도 종부세를 내도록 변경하면서 투기수요가 쏠릴 수 없게 했다.

그렇다면 9.13대책에서 종부세는 어떻게 바뀌었을까? 먼저, 세율을 인상했는데, 특히 조정지역 내 2주택자나 일반 3주택자 이상일 때는 종부세율을 인상하여 보유 부담을 많이 증가시켰다.

또 조정지역에서는 어떤 방식을 쓰더라도 종부세 감면을 불가능하게 해 사실상 종부세를 회피할 수 있는 모든 방법을 차단했다. 동시에 조정지역에 2주택 이상을 보유한 경우에는 종부세의 세율을 대폭 인상했다.

이런 변화에서 가장 중요한 점은 작년에 냈던 세금 대비 올해 내야 할 세금의 상한선을 의미하는 '세부담상한선'의 변경이었다. 세부담상한선 150%의 개념은 가령 작년에 보유세로 100만 원

종합부동산세 개편안

과세표준 (시가)	현행	당초 정부안		수정안	
		2주택 이하	3주택 이상	일반	3주택 이상 및 조정대상지역 2주택
3억 원 이하 (1주택 18억 원 이하 다주택 14억 원 이하)	0.50%	현행 유지	현행 유지	0.6% (+0.1%p)	0.6% (+0.1%p)
3~6억 원 (1주택 18~23억 원 다주택 14~19억 원)				0.7% (+0.2%p)	0.9% (+0.4%p)
6~12억 원 (1주택 23~34억 원 다주택 19~30억 원)	0.75%	0.85% (+0.1%p)	1.15% (+0.4%p)	1.0% (+0.25%p)	1.3% (+0.55%p)
12~50억 원 (1주택 34~102억 원 다주택 30~98억 원)	1.00%	1.2% (+0.2%p)	1.5% (+0.5%p)	1.4% (+0.4%p)	1.8% (+0.8%p)
50~94억 원 (1주택 102~181억 원 다주택 98~176억 원)	1.50%	1.8% (+0.3%p)	2.1% (+0.6%p)	2.0% (+0.5%p)	2.5% (+1.0%p)
94억 원 초과 (1주택 181억 원 초과 다주택 176억 원 초과)	2.00%	2.5% (+0.5%p)	2.8% (+0.8%p)	2.7% (+0.7%p)	3.2% (+1.2%p)
세부담상한	150%	현행 유지		150%	300%(200%)

*1주택자 공시가격 9억 원(시가 약 13억 원) 이하, 다주택자 공시가격 6억 원(시가 약 9억 원)은 과세에서 제외한다.
*괄호는 현행 대비 증가 세율을 의미한다.
*출처: 기획재정부, 하나금융투자

을 냈다면, 올해는 그 150%인 150만 원이 오를 수 있는 한도라는 의미였다. 그다음 해 역시 150만 원의 150%인 225만 원이 세부담 상한선이 된다. 9.13대책은 세부담상한선을 1주택자의 경우에는 종전의 기준인 150%를 그대로 유지했다. 1주택자는 건드리지 않겠다는 의미였다. 그런데 조정지역 2주택자부터는 200%로, 3주택자 이상에겐 300%로 높였다. 200%는 전년 대비 세금이 2배 오를 수 있다는 의미였다. 그리고 3주택자 이상은 전년 대비 3배까지 납부할 수 있다는 의미였다. 다주택자들로서는 간담이 서늘해질 정도의 세금 인상 속도였다.

종부세는 그간 다주택자들에게 큰 부담이 되지 않던 세금이었다. 매년 걷히는 한국의 총 종부세는 토지분을 합쳐도 2조 원이 채 되지 않던 시점이었다. 종부세는 국가 전체로 2017년에는 1.8조 원이 납부됐고, 2018년에는 2.0조 원으로 2천억 원을 더 내는 수준이었으니 종부세 인상분은 미미한 수준이었다. 그런데 9.13대책을 통해 달라진 종부세 환경에서 보유세를 계산해본 다주택자들은 순식간에 상승한 금액을 보고 충격을 받았다. 7백만 원 내던 종부세가 2,100만 원이 나오거나 하는 식이었기 때문이다.

종부세는 2주택자 이상에게 상당한 부담이 될 전망이다. 모든 다주택자가 강남 고액자산가들은 아니다. 이제 고가 주택 2채를 단독 명의로 보유한 경우에는 부담 금액의 규모가 3~4백만 원 수준에서 2년 정도 지나면 2~3천만 원 수준으로 오르게 설계됐다. 대형 평형

등 초고가 아파트를 보유하고 추가로 아파트를 매수하여 유지하는 경우에는 5천만 원을 넘기기 일쑤다. 부모가 사망하여 상속을 받은 0.5채, 즉 지분을 통한 부분 소유권을 갖게 된 자녀들도 이미 1주택이 있는 경우에는 2주택자가 된다. 그래서 상속세와 취득세 이외에 종부세를 내야 하는 가구도 나온다. 이 경우 세금으로 내야 할 금액이 수천만 원을 넘으면서 상당한 부담으로 작용하게 됐다.

보유세를 높인다는 것은 세법적 언어로 '보유하지 마라'를 뜻한다. 다주택자들에게만 종부세를 강화하면서 '다주택자 되지 말고 더는 사는 집 외에 주택을 보유하지 말라'는 메시지가 서서히 퍼져

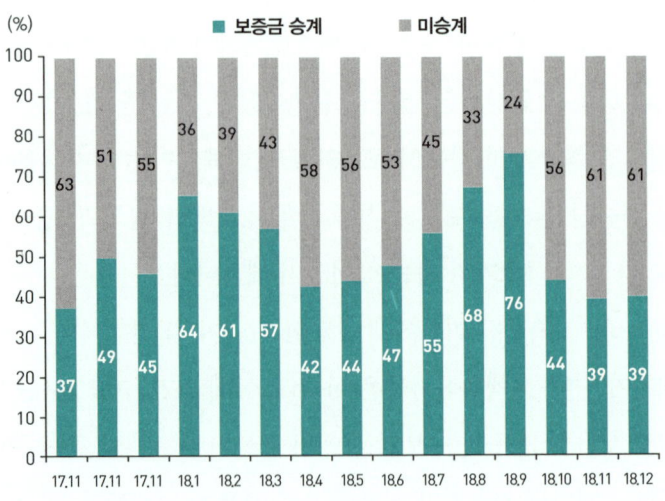

서울시 자금조달계획서(12.5만 건)상 보증금 승계 vs 보증금 미승계 비중

*출처: 김상훈 의원실, 하나금융투자

나간다. 종부세는 매년 반복적으로 발생하면서 시니어 세대들의 현금흐름을 위협했다. 이 부분이 결정적으로 작용하면서 9.13대책의 효력이 발휘되기 시작한다.

종부세를 강화하여 보유세 부담을 높이면서 12.13대책처럼 갭투자를 촉진하여 사회적으로 큰 파장을 만들어낸 임대주택등록활성화 방안의 빈틈은 다행스럽게도 메워졌다. 조정지역 내 갭투자가 어려워지도록 제도를 개선하자 다주택자들의 주택 수요는 거짓말처럼 급격히 위축된다.

2018년 6~8월에 평균 65% 수준의 갭투자 비중을 보이던 서울시는 9.13대책 후인 10~12월 3개월간 평균 갭투자 비중이 40%로 급격히 하락한다. 이 정도 수준의 갭투자 비중은 시장이 완전히 실수요자 중심으로 변했다는 것을 뜻한다.

주택가격 상승률이 마이너스로 돌아서다

9.13대책 효과로 주택가격이 더욱 급격하게 변했다. 상승률이 둔화한 것을 넘어 아예 마이너스 상승률로 주택가격 하락기에 진입한 것이다. 그렇게 2010년대 박근혜 정부의 부동산 시장 부양책 이후 장기 상승하던 주택가격이 마이너스로 전환되는 초유의 일이 벌어졌다. 그 핵심에 종부세가 있었다. 상황이 이렇게 변해가자 나

는 종부세 인상을 통해서 '다주택자의 임대등록 사이클'이 완전히 종료했다고 판단했다. 실수요자는 대출 규제로 집을 사기 어렵고, 다주택자는 종부세 부담으로 집을 안 산다면 주택 수요가 대폭 위축되리라 판단한 것이다. 그러나 다주택자만 집을 사는 것은 아니었다. 다주택자 갭투자 사이클은 종부세로 종료되었으나 그 뒤를 이어서 '1주택 갭투자자'들이 대거 등장했다.

*세부담상한선: 보유세제 개편으로 인한 급격한 세부담 증가와 이에 따른 조세 저항을 완화하기 위해 한 해에 세금 증가분이 일정 비율을 넘지 않도록 상한선을 두는 제도다.

4장

시장 vs 정책 누가 셀까? ②
전세 레버리지 사이클의 위력
(2017.8.2~2019.12.16)

청약 로또의
시대

2019년 봄, 하나은행의 모 PB(금융 포트폴리오 전문가)가 부동산 관련해서 상담할 것이 있다며 찾아왔다. 그 PB는 원래 개포동의 한 재건축 아파트를 보유하다가 2016년 말에 매각했다. 매각 이후 부동산을 잊고 살다가 어느 날 자신을 찾아온 은행 고객과 상담하던 중, 그 고객이 개포동의 아파트를 소유하고 있는 것을 알았다. 자기가 판 단지를 소유한 고객이라니.

문제는 2017~2018년 동안 개포동 아파트 가격 상승률은 그야말로 강남구 전체를 통틀어서 가장 가파른 수준이었고, PB는 자기가 판 가격보다 약 10억 원 가까이 오른 사실을 알게 된다. 그는 그 말을 고객에게 들었을 때 충격으로 허탈감이 밀려왔다고 한다.

이후 그 PB는 청약에 집중했다. 높아진 주택가격 때문에 선뜻 매수하기는 어렵지만 청약은 낮은 가격에 사는 것이므로 청약에 당첨되는 것만이 2016년의 잘못된 판단(매도)을 되돌릴 수 있다고 느꼈던 것 같다.

상담을 끝내고 자리에서 일어서는 PB를 보면서 나 역시 만감이 교차했다. 차라리 처음부터 안 갖고 있었다면 덜 억울했을 것이다. 매도한 후 가격이 급상승하는 것을 보면서 얼마나 땅을 치며 후회했을까 싶었다. 절반쯤 넋이 나간 듯한 그분의 표정이 한동안 뇌리에서 사라지지 않았다.

2019년 부동산 시장은 청약 열기로 이미 여러 신호를 내보내고 있었다. 아니, 단순한 열기를 넘어 광풍에 가까웠다. 시장에서 주택 가격이 2018년 임대사업자 등록 사이클로 너무나 오른 상태였으므로 기존 주택을 매수하는 것보다는 청약이 무조건 유리한 게임이라는 생각이 보편적이었다. 분양가를 시세대로 높일 수도 없었다. 왜냐하면 선분양을 위해서는 주택도시보증공사에서 분양보증을 받아야 하는데, 이를 받으려면 가이드라인을 지켜야 하고, 이 가이드라인대로라면 시세보다는 상당히 낮은 가격으로 분양할 수밖에 없었기 때문이다. 그래서 일반 분양에 당첨된다면 적어도 수억 원 이상의 시세차익을 가져갈 수 있을 것처럼 언론들이 앞다투어 보도했고, 시장에 '청약은 로또'라는 소문이 크게 돌았다.

그해 여름이 지나면서 청약 열풍은 50대 이상에게 빠르게 퍼져 나갔다. 50대 이상에게 특별히 퍼진 이유가 있다. 청약은 가점제인데 점수가 높은 사람이 유리하도록 완전히 개편됐기 때문이다.

점수가 높아야 유리한 주택청약제도

현 청약제도는 무주택 기간, 부양가족 수, 청약통장 가입기간 등을 점수화해서 가점이 높은 사람에게 주택을 우선 공급한다. 세 가

주택도시기금(nhuf.molit.go.kr)의 '청약가점빠른계산기'

지를 합쳐 총 84점이 만점이다. 자연스럽게 무주택 기간이 길고, 청약통장 가입기간도 긴 사람이 고점을 받는 구조다.

먼저 무주택 기간을 보면 만 30세 이하일 때 0점이고, 15년 연속인 경우 최대 32점이다. 1년 미만 무주택은 2점에서 시작하고, 1~2년이 4점, 2~3년이 6점 등 2점 단위로 올라가서 최대 15년 이상이면 32점을 배점받는다.

청약통장 가입기간에도 6개월 미만 1점에서부터 최대 연속 15년이면 17점까지 해마다 1점씩 올라간다. 그다음이 부양가족 수인데, 나 홀로 가구일 때 5점, 1명의 부양가족이 있다면 10점, 2명을 부양한다면 15점, 3명을 부양한다면 20점이다.

흔히 4인 가구의 만점이 69점이라고 말하는데, 이는 무주택 기간 32점, 청약통장 가입기간 17점에 3인을 부양하여 20점을 합친 점수다.

무주택 기간과 청약통장 가입기간이 15년이 넘는 경우 점수는 49점이며, 이후에는 부양가족 수에 따라 만점이 정해진다. 1인 가구 만점은 54점, 2인 가구는 59점, 3인 가구 64점, 4인 가구 69점, 5인 가구 74점, 6인 가구 79점, 7인 가구가 84점 만점이다.

따라서 청약제도에서 가점제는 부양가족 수가 많고 무주택 기간이 긴 사람들에게 자연스럽게 당첨의 기회가 많아지도록 만들었다. 이런 변화가 5060세대를 청약시장의 주인공으로 만들었다.

점수가 높은 5060세대가 로또의 주인공

변화는 내 앞에 성큼 다가왔다.

2019년 여름 어느 날, 모 금융회사의 부사장급 임원을 만난 자리였다. 그는 자기의 청약 점수가 70점이 넘는다면서, 어느 아파트에 청약하면 좋을지를 물었다. 본인이 보고 있는 단지는, 구반포 1·2·4주구, 청담동의 상아2차 아파트, 반포의 경남 – 한신3차 아파트라고 했다. 모두 이름만 대면 알 정도로 유명한 곳이었다. 한국 최고가 주거 밀집 지역인 서초 – 강남권 아파트만을 얘기하고 있었다.

나는 그를 오랜 기간 알고 지냈다. 그의 배우자가 아파트보다 전원주택을 좋아해 원래는 강북권이나 경기권의 전원주택에서 살고 싶어 한다는 것을 알고 있었다. 그래서 물어봤더니 배우자도 이제는 아파트 단지 생활에 적응되어서 전원주택에서 살 생각이 없어졌다고 했다. 문득 자신을 돌아보니 자산도 있고 부양가족 수도 많아서 중도금 대출 걱정 없이 청약을 넣을 수 있는 상태였다고 한다.

이런 자리는 그때가 처음이 아니었다. 5060으로 대표되는 우리나라의 50대들은 저마다 청약통장을 하나씩은 보유하고 있었다. 청약예금이나 부금 등 과거 상품들을 아직 보유하고 있는 사람들도 있었다. 2019년 '청약 로또'라는 용어가 부동산 시장에 퍼지면서 잠자고 있던 통장들이 장롱 속에서 먼지를 툴툴 털면서 등장했다. 이른바 69점이 넘는 소위 70점대 통장의 등장이었다.

반면 3040세대는 많아 봐야 4인 가족이어서 69점이 만점이며, 보통은 30~40점도 넘기기 어려웠다.

문재인 정부에서 부동산 시장을 실수요 중심으로 재편하기 위해 8.2대책이나 9.13대책 등을 발표하면서 같이 손본 것이 청약가점제를 확대한 것이었다. 그리고 청약시장에서 가점제의 비중이 높아지면 높아질수록 5060세대의 주택 구입이 쉬워지는 현상이 일어났다. 그것이 새로운 사이클의 시작을 알리는 종소리였다.

청약조정지역 규제로는 턱도 없다
- 11.3대책

2013~2015년간 계속된 부동산 완화책 덕분에 시장은 살아나기 시작했다. 그 결과 가장 눈에 띄게 증가한 것이 바로 분양이었다. 부동산 시장에 활기가 흘렀고, 시장 호황은 숫자가 증명했다. 2015년의 주택 분양은 한국 역사상 가장 많았던 52만 호를 기록하며 2014년의 33만 호 대비 60% 이상 높은 수준에 이르렀다. 가격이 상승하면 수요공급 곡선에서 공급은 증가하는 법이었다. 이 당시는 현재와 다르게 주택을 건설할 수 있는 택지 재고가 쌓여 있어서 탄력적으로 적용할 수 있던 시기이기도 했다.

2016년 역시 2010년대 두 번째로 많은 46만 호의 분양이 이뤄졌다. 2007~2014년의 평균 분양이 28만 호 수준인 것과 비교하면 2015~2016년의 40~50만 호에 이르는 분양은 놀라운 수치였다.

이때의 주택 경기 호황은 국내 경기에도 영향을 주었는데, GDP 기여도가 최대 수준이었다.

2014년 9.1대책으로 신도시가 더는 건설될 수 없다는 점을 시장은 정확하게 인식했고, 추가 공급이 없다면 신축이 희소해질 것이 뻔했다. 이는 2기 신도시뿐 아니라 구도심 분양권의 가격 상승으로 연결되었다. 분양권이란 재건축·재개발을 통해 건설된 아파트의 일반 분양에 당첨된 권리를 의미했다. 이런 민간택지 분양권들은 분양 후 6개월이 지나면 전매가 허용되어 마음대로 거래할 수가 있었다. 주택이 아니라 권리였기 때문에 취득세도 없었다. 더구나 분양에 당첨된다는 것 자체가 큰 이득을 의미했다. 분양가격을 일률적으로 통제하는 주택도시보증공사의 분양가격 심사 가이드라인이 작동하던 상황이기 때문에 시세보다 낮은 분양가격의 단지가 많았기 때문이다. 이런 대세 상승 국면에서 거래가 가능한 분양권에 프리미엄이 붙는 것은 당연했다.

시장이 과열 조짐을 보이자 정부는 2016년 11.3대책을 발표하면서 '청약조정지역'이라는 새로운 개념이 포함된 규제를 발표했다. 한국 최초의 조정대상지역은 서울시 25개 구와 경기도의 과천시, 성남시, 하남시, 고양시, 남양주시, 동탄2신도시, 그리고 부산은 해운대구, 연제구, 동래구, 남구, 수영구, 세종시 등이 포함됐다.

먼저, 조정지역에서는 분양권의 전매 규제를 강화하는 것이 핵심이었다. 종전은 민간택지의 경우 6개월이 지나면 분양권 거래가 가능했으나, 조정지역에서는 1년이 추가된 18개월간 분양권 거래가 막혔다. 조정지역 중에서도 강남 4개 구와 과천의 경우는 아예 더 강화된 규제를 적용했다. 즉, 소유권 이전 시까지 분양권 거래를 막은 것이다.

분양권 전매제한은 없던 규제가 아니라 원래 공공택지에는 존재하던 규제였다. 공공택지에서는 분양가격이 주변 시세와 차이가 있

전매제한 기간 조정 내용(조정된 곳만 표시)

1) 수도권 민간택지 중 서울 전 지역, 경기도 과천·성남

현재	(ㄱ)대상 지역 중 정량요건 2개 이상 충족하고 과열 정도가 높은 곳	(ㄴ)대상 지역 중 그 외의 지역
6개월	(강남 4개 구, 과천)	(서울 중 강남 4개 구 외, 성남)
	소유권 이전 등기 시	1년 6개월(+1년)

2) 공공택지 중 서울, 경기도 과천·성남·하남·고양·남양주·화성(동탄2에 한함), 세종

구분		전매제한 기간	
		공공 분양주택	민간 분양주택
수도권 중 지구 면적 50% 이상이 그린벨트 해제(85m² 이하 주택)	분양가격이 인근 시세 100% 이상	3년	1년 → 소유권 이전 등기 시
	분양가격이 인근 시세 85~100%	4년	
	분양가격이 인근 시세 70~85%	5년	2년 → 소유권 이전 등기 시
	분양가격이 인근 시세 70% 미만	6년	3년
그 외 공공택지 내 주택(공공+민간주택 모두)		1년 → 소유권 이전 등기 시	

어서 3년 혹은 소유권 이전 시까지 분양권을 거래할 수 없도록 규제했다. 현재 수도권 지역의 공공택지에서는 이러한 규제가 여전히 적용 중이다.

중요한 것은 11.3대책의 영향이다. 2015년 이후 부동산 시장 상승 추세는 2013~2015년에 걸친 장기간의 활성화 정책으로 시작되었는데 분양권 거래를 막는 청약조정지역 발표만으로 부동산 시장 안정화 효과가 있었을까? 하지만 이 정도의 제한으로 시장이 안정화될 리 없었다.

그래서 11.3대책은 나오자마자 시장에서 무시당했고, 청약조정지역의 존재감은 희미해졌다. 오히려 분양권에만 전매를 제한하고 입주권의 경우 전매제한이 없었기 때문에, 입주권에 프리미엄이 더 붙는 풍선효과가 나타나기까지 했다. 입주권이란 재건축·재개발 사업에서 조합원이 분양받을 수 있는 권리를 의미하는데, 재건축·재개발 사업에서는 입주권과 분양권이 모두 생긴다. 조합원 입장에서는 일반 분양 당첨자의 분양권은 전매가 불가하고 조합원이 보유한 입주권만 전매가 가능한 시대가 그리 나빠 보이지 않았다. 그래서 조합원 입장에서 자신들의 지분을 높은 가격에 매매하여 유동화할 수 있는 이번 대책을 오히려 환영하는 지경에 이르렀다.

무엇이 실수요자를
갭투자 하게 만들었을까?
- 8.2대책

2017년 현 정부의 출범과 함께 시장을 일제히 긴장하게 만든 인물이 등장한다. 2017년 대선에서 민주당이 정권 재창출을 이루면서 대통령비서실 사회수석으로 등장한 사람이다. 바로 노무현의 남자이자 2005년 8.31대책을 발표하면서 종부세를 한국에 도입한 김수현이었다. 그가 쓴 『부동산은 끝났다』는 서점가의 베스트셀러가 됐고, 앞으로 어떤 형태의 대책이 나올지에 대해서 모든 언론이 그의 일거수일투족을 주목했다. 그는 '왕수석'으로 통했는데, 정부 내에서 그의 입지를 그대로 보여주는 별명이었다. 그 때문에 부동산 시장은 김수현 수석이 주도하는 부동산 정책에 대해 바짝 긴장한 채 정부 출범을 지켜봤다.

2017년 현 정부의 대통령 공약 100대 과제가 발표되자, 시장은 떨리는 마음으로 이를 살펴본다. 그런데 그 안에 들어 있는 부동산 정책은 너무나 미미했다. 도시재생과 관련된 내용이 대부분이었고, 그나마 통근·통학시간을 줄이겠다는 내용이 부동산과 가까운 내용이었다. 이처럼 부동산에 대해서 '정부는 관심 없음'이라고 하는 것과 같은 메시지가 시장에 전달됐다.

9년 만의 정권 교체였고, 노무현 정부 시절의 인사들이 중용되면서 부동산 시장은 과거의 강력했던 정책이 반복될 것을 우려하며 숨을 죽였다. 그런데 첫해에 어떤 특별한 메시지가 없었던 것이다. 그 때문에 시장은 '새로운 정부 역시 부동산 부양 의지가 있는 것'으로 받아들였다. 그래서일까, 규제 정책 발표에 대한 우려를 뒤로하고 5~6월부터 부동산 시장은 다시 상승하기 시작한다. 이른바 '안도랠리'라고 불리는 상승세였다.

정부는 2017년 5~6월에 큰 폭으로 상승한 부동산 시장의 과열을 잡기 위해 새 정부 들어 처음으로 6.19대책을 발표한다.

6.19대책은 박근혜 정부 시절 완화했던 주택담보대출에 대한 규제를 다시 강화하는 내용이었다. 핵심은 LTV와 DTI의 대출조건을 강화하는 것이었다. LTV 70%를 60%로 10%포인트 낮추고, DTI도 60%로 완화했던 것을 다시 50%로 낮추었다. 그런데 이 첫 번째 대책은 솜방망이 수준이었다. 왜냐하면 과거의 7.24대책은 LTV 50%를 70%로, 20%포인트 완화해주며 활성화했는데, 6.19대책은 이를 다시 60%로 10%포인트만 조정하는 수준이었기 때문이다. 즉, 여

전히 LTV 60%는 종전 대비 완화적인 대출환경으로 받아들여지는 수치였다.

청약조정지역도 종전 6.19대책 때 발표한 37개 지역(서울 25개 구, 경기 6개 시, 부산 5개 구, 세종)에서 새롭게 3개 지역이 추가되는 선에서 그친다. 경기도 광명시 전체와 부산의 기장군 및 부산진구 등이었다. 이 당시는 부산 역시 정비사업을 중심으로 가격 강세를 펼치던 시기여서 청약조정지역에 이들 지역이 추가 편입됐다. 그나마 전매제한을 강화한 것 정도가 규제다운 규제였다.

종전에는 강남 4구와 과천을 제외하고는 1년 6개월(18개월)이 지나면 분양권을 거래할 수 있었는데, 6.19대책에서는 모든 청약조정지역에서 분양권 전매를 소유권 이전 시까지 할 수 없도록 강화한 것이다.

전세 끼고 집 사게 만든 최악의 대책

실수요자들은 주택을 구입할 때 대출을 받고 매입하는 경우가 많다. 이는 자금조달계획서상에도 나온다. 자기 자본과 대출을 받아 매수한 후 그 주택에 입주하는 것이다. 그런 의미에서 대출을 강화한다는 것은 실수요자의 구매력을 낮추는 효과를 가져온다. 종전에는 주택을 살 때 70%까지 빌릴 수 있다가, 6.19대책 후 60%까지만 빌릴 수 있게 된 무주택 실수요자들은 모두 볼멘소리를 했다. 현금 부자들만 집을 살 수 있다는 등 아우성쳤다. 이때까지는 그래도 낮아진 정도가 10%포인트여서, 신용대출 등을 더 받으면 해결할 수도 있는 수준이었다. 대출받아 주택을 사야 하는 실수요자들은 여기까지는 그나마 버틸 수 있었다.

실수요자들에게 절망적인 시그널을 준 것은 바로 같은 해인 2017년 8.2대책이었다. 서울 전역, 경기도 광명·분당, 대구 수성, 세종시를 비롯한 지역이 투기과열지구로 지정되고, 투기과열지구에선 LTV가 40%로 낮아지면서 실수요자들의 구매력이 상당히 위축되었다.

지난 2014년 7.24대책 때 LTV가 70%로 완화되면서 실수요자들의 구매력이 높아질 수 있었다. 그런데 8.2대책을 통해 LTV가 40%로 강화되자, 반대로 구매력이 낮아질 수밖에 없었다. 말 그대로 현금 부자들만이 대출 끼고 집을 살 수 있었다.

구매력이 위축된 실수요자들이 주택 구입을 원할 때 취할 수 있는 방안은 둘 중 하나다. 청약을 받으면서 기다리거나, 아니면 전세가율이 LTV 40%보다는 높았으므로 전세를 끼고 주택을 사는 것이었다. 예를 들어 집값이 9억 원인데, 대출은 3.6억(LTV 40%)만 나오기 때문에 그 부동산을 매수하려면 자기 자본 5.4억 원이 필요하다. 그런데 9억 원의 집에 전세가 6억 원인 상황이라면 전세 끼고 매수하면 자기 자본 3억 원만 있으면 가능하다. 따라서 무주택자들

4장 전세 레버리지 사이클의 위력 · 133

은 8.2대책 이후에 주택을 전세 끼고 사는 방법을 선택하기 시작한다. 그래서 8.2대책은 대출을 끼고 주택을 구입할 실수요자들을 전세 끼고 갭투자를 하게 만든 최악의 부동산 정책 중 하나로 변질되었다.

청약가점제 100%의 피해자, 3040세대
- 8.2대책과 9.13대책

지인들과 청약제도에 관해 이야기하는데, 부동산에 그리 관심이 없던 한 분이 갑자기 목청을 돋워 질문했다.

"청약도 점수가 있어?"

그렇다. 청약제도가 점수제인 것을 모르는 사람이 여전히 많다. 청약은 앞서 살펴본 것처럼 점수로 구성되어 있다. 그렇지만 핵심은 늘 디테일에 있듯, 청약제도 역시 8.2대책과 9.13대책을 통해서 상당한 변화를 겪어왔다.

가장 큰 변화는 2017년 8.2대책부터였다. 먼저, 투기과열지구와 조정지역에서 1순위 자격을 확보하기가 더 까다로워졌다. 종전에는 청약통장에 12회 납부하면 되던 것이 24회로 바뀌었기 때문이다. 둘째, 민영주택 분양에서 85㎡ 이하의 경우 청약조정지역은 75%를, 투기과열지구는 100%를 청약가점제로 공급한다.

청약가점제 100%! 이것이 청약시장에서 가장 큰 변화가 아니었을까 싶다. 종전에는 그래도 75%까지 가점제였으나, 100%로 변하면서 무주택자 중 30대 당첨자는 투기과열지구 안에서는 사실상 나오기 힘들어졌다. 서울시의 강북권 당첨 가능 점수가 50점대이고, 강남권은 60점대 이상인 상황에서 30대는 일반 공급으로는 당첨되기가 불가능해졌다.

8.2대책 이후에 분양한 단지 가운데 서대문구의 래미안DMC루센티아가 있었다. 이 단지에서는 전용면적 59㎡는 평균가점이 60점이었는데, 최저 55점, 최고 69점이었다. 전용면적 84㎡에서 A타입은 평균가점 59.9점이고, 최저 54점, 최고 69점이었다. C타입은 최고 74점이었다. 74점은 5인 가족 만점 점수다.

이런 점수 배점에서 소위 3040의 실수요자들은 청약시장에서 배제됐다. 8.2대책 이후에 전용면적 85㎡를 초과하는 대형 평형의 경우 가점제와 추첨제가 50 대 50으로 운영된다. 가령 50%는 가점으로, 50%는 추첨으로 뽑는 방식이다. 그런데 3040세대들에게 전용면적 85㎡를 초과하는 주택은 너무 넓었다. 고작 가족 구성원이 2~3명인데, 40평형대나 50평형대에 청약을 넣을 수는 없지 않은가. 이 부분을 30대들에게 이야기하면 그들은 실소를 터뜨렸다.

문재인 정부 청약제도 개편 내용

일자	제도	내용
2017. 08. 02	부동산 시장 안정 대책	• 투기과열지구와 조정대상지역 1순위 자격 요건 강화[청약통장 가입 후 2년, 납입 횟수 24회(국민주택에 한해 적용) 이상], 가점제 적용 확대 등 • 전국 대상 가점제 당첨자의 재당첨 제한(가점제로 당첨된 자와 당첨된 세대에 속한 자는 2년간 가점제 적용 배제) • 예비 입주자 선정 시 가점제 우선 적용(예비 입주자 선정 시 추첨제가 아닌 가점제를 우선 적용해 무주택 세대의 당첨 기회 확대)
2018. 09. 13	부동산 대책	• 투기과열지구, 청약과열지역 및 수도권, 광역시 지역에서는 추첨제로 입주자 선정 시 ① 추첨제 대상 주택의 75% 이상을 무주택자에게 우선 공급 ② 잔여 주택은 무주택자와 1주택 실수요자에게 우선 공급 ③ 남는 주택이 있는 경우 유주택자에게 공급
2019. 12. 06	주택 공급에 관한 규칙 개정안	• 청약 예비 당첨자 선정 방식이 추첨제에서 가점제로 변경, 가점이 높은 순으로 예비 당첨자 선정과 순번 배정

민영주택 가점제 적용 비율

	2016		2017~현재	
	85㎡ 이하	85㎡ 초과	85㎡ 이하	85㎡ 초과
수도권 공공택지	100%	50% 이하에서 지자체장이 결정	100%	50% 이하에서 지자체장이 결정
투기과열지구	75%	50%	100%	50%
조정대상지역	40%	0%	75%	30%
기타 지역	40% 이하에서 지자체장이 결정	0%	40% 이하에서 지자체장이 결정	0%

최근 2년 가점제 당첨자 현황
(2017년 8월 3일~2019년 6월 30일)

	면적	무주택 기간	부양가족	청약통장 가입기간
투기 과열	85㎡ 이하	23.84년	2.21명	11.14년
	85㎡ 초과	26.36년	2.81명	13.07년
청약 과열	85㎡ 이하	24.40년	2.25명	10.56년
	85㎡ 초과	23.00년	2.64명	11.42년

*출처: 김현아 의원실

분야별 가점 만점 및 조건
(총 84점 만점)

무주택(32점) 15년 이상

부양가족(35점) 6명 이상

통장 가입(17점) 15년 이상

*자료: 국토부

8.2대책은 다주택자를 규제하고, 실수요자 중심으로 부동산 시장을 재편하기 위한 대책이었다. 그런데 이 대책으로 청약제도가 변하면서 오히려 실수요 중 일부는 청약에서 완전히 배제되는 결과가 만들어진 것이다.

이후에도 청약제도는 2018년 9.13대책을 거치면서 또 한 차례 변경된다. 9.13대책에서는 추첨제 방식 중 75%를 무주택자에게 우선 공급하도록 했다. 이로써 유주택자는 청약시장에서 사실상 완전히 제외된다. 실제 청약 당첨 사례를 보면 95~98% 이상이 무주택자일 정도로 청약시장은 무주택자 중심의 시장으로 바뀐다. 안타까운 점은 3040세대가 이 시장에서 배제됐다는 것이다.

실제 8.2대책으로부터 2년이 지난 시점에 《서울경제신문》이 청약시장 전체를 분석한 기사를 낸 적이 있다. 이는 137쪽 표와 같이 요약할 수 있다. 투기과열지구, 즉 가점제 100%인 지역에서 당첨된 사람의 무주택 기간은 85m2 이하에서는 23.84년이었고, 부양가족은 2.2명이었다. 무주택 기간은 만 30세 이상부터 계산하거나 결혼 후부터 계산한다. 그런 의미에서 실질적으로 만 45세가 되지 않는다면 만점이 어렵다는 말인데, 무주택 기간이 길었던 무주택자들에게 주택 당첨 기회를 확대한다는 취지는 좋았지만, 100% 가점제는 아니어야 하지 않았을까. 그렇게 3040세대가 자연스럽게 청약시장에서 배제된 후 반란이 시작된다.

전세원금 500조가
시장에 풀린다면?

우리나라 가계부채가 심각한 수준이라는 기사가 계속 쏟아지고 있다. 가계부채를 계산할 때 전세금은 부채로 잡아야 할까, 자본으로 잡아야 할까? 전세를 끼고 갭투자 하는 것을 봐서는 부채로 보는 것이 적절할 듯하다. 전세금을 부채로 잡는다면 대체 우리나라에 전세금은 얼마큼 있을까?

키움증권의 서영수 애널리스트가 이를 계산해서 보고서를 낸 적이 있다. 그의 계산 결과에 따르면 전세대출금은 약 700조 원 수준으로 나왔다.

나도 계산한 적이 있는데 약 700만 민간임대 시장 중 전세 비중 60%를 곱하여 400만 호를 전세로 보고 계산해보았다. 평균 전세가율 50%에 평균주택가격 2.5억 원을 곱하면 1.25억 원이 나오는데,

1.25억 원 × 400만 호 = 500조 원 정도가 전세원금이 아닌가 싶다.

전세금을 유동화한다는 것은 이처럼 전세로 사는 사람들의 자기 자본이 전세대출을 통해서 유동화되고 이것이 레버리지의 원천이 되는 사이클을 뜻한다.

예를 들어 성북구에 자기 자본으로 대출 없이 전세 4억 원에 사는 사람이 우연한 기회로 3억 원에 갭투자 할 수 있는 아파트를 매수해보라는 지인의 말을 듣고 전세금 4억 원 중 3억 원의 대출을 일으킨다면, 자기 자본인 전세금이 유동화되는 것이다. 이후 이 3억 원은 매매가 9억 원, 전세 6억 원인 아파트의 갭투자 자금으로 활용된다. 이것이 전세원금의 유동화 사이클이다.

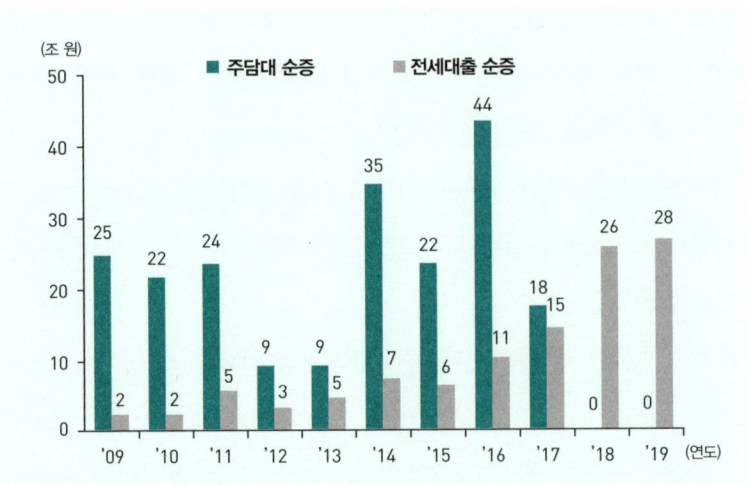

2009~2019년 주택담보대출 및 전세자금대출 순증가 추이

이런 방식으로 2018년부터 전세원금이 유동화 사이클에 진입하기 시작했다. 왜 하필 2018년부터일까?

그 이유는 8.2대책으로 LTV 40%로 규제가 강화되었고, 청약제도도 가점제 100% 시대가 되었기 때문이다. 그 결과 2018년 한 해 동안 전세대출은 총 26조 원 증가했다. 이는 전년도 전세금 증가 15조 원 대비 70% 이상 증가한 것이었다. 2016년 한 해의 전세대출 증가는 11조 원, 2015년은 6조 원으로, 전세는 사실 나름의 속도로 유동화되거나 자발적으로 증가하는 과정에 있었다. 그러다가 전세대출금을 레버리지로 활용하는 갭투자가 2018년부터 급성장했다. 2019년 4월 기준 전세대출은 역사상 처음으로 100조 원을 기록한다. 2019년 말 전세대출 통계는 아마도 120조 원 수준을 기록할 것으로 보인다. 이러한 속도는 과거 최경환 부총리 시절의 '빚내서 집 사라'가 있던 2014년의 주택담보대출 36조 원 증가와 비슷한 수준이다. 비유하자면 8.2대책은 '전세대출을 받아서 집 사라'는 메시지를 던진 셈이다.

그러나 시야를 넓혀 약 500~700조 원의 전세원금 중 100조 원 정도가 유동화한 것으로만 본다면 어떨까? 보수적으로 전세원금을 500조 원 수준이라고 잡는다면 이제 겨우 5분의 1이 유동화한 것이다. 그 때문에 전세대출 증가 속도는 시장의 불안요인이 될 수밖에 없으므로 규제를 불러온다.

실제로 2019년 7월, 전세대출이 100조 원을 돌파했다는 사실이

알려진 시점부터 시장에는 전세대출이 갭투자의 원천이 되고 있다는 경고성 메시지가 돌았다. 주택담보대출이 증가하는 것과 전세대출을 활용한 갭투자가 증가하는 것은 시장 리스크 측면에서 완전히 다른 리스크였기 때문이다. 왜 그럴까?

갭투자자,
우리는 운명공동체

 2019년 여름, 강북권의 한 아파트에 전세 4억 원으로 거주 중이던 지인이 전세대출 3억 원을 받아서 전세금을 유동화했다. 그리고 이 돈으로 매매 시세 9억 5천만 원, 전세 시세 6억 5천만 원인 서대문구의 한 아파트를 매매가와 전세금의 차액인 3억 원을 투자하여 매수한 사례가 있었다. 그는 자기가 거주 중인 주택을 살 수도 있었지만, 그 집보다는 매매가격이 더 높은 주택을 사는 것이 유리하다고 생각해서 좀 더 고가인 주택을 전세를 끼고 매입했다.
 지인이 산 아파트의 임차인은 40대 부부였다. 그런데 그들 부부 역시 전세대출 3억 원과 신용대출 2억 원 등 합계 5억 원의 대출을 받아서, 마포구의 시세 14억 원인 신축 아파트를 전세 9억 원을 끼고 갭투자를 한 1주택자였다. 지인은 이를 나중에 알고서 충격을

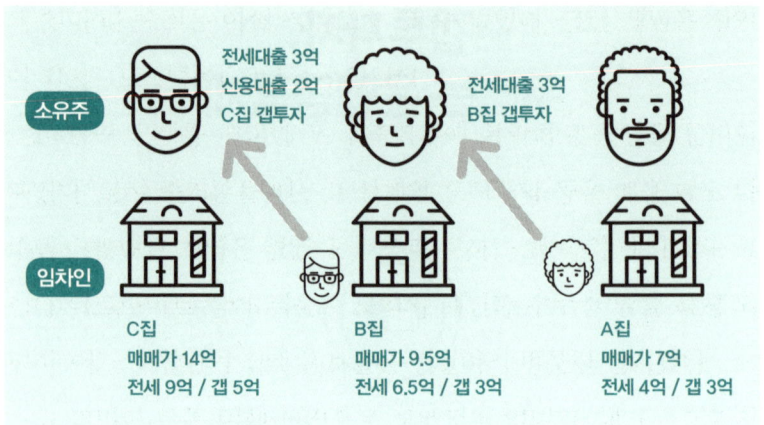

받고 내게 연락해 온 적이 있다. 자신도 갭투자를 했는데, 자신의 집에 사는 임차인도 갭투자를 한 상황이었다.

이게 끝이 아니다. 지인은 성북구에서는 임차인이었으나, 서대문구 소유 주택의 경우에는 집주인이었다. 그리고 서대문구의 임차인은 반대로, 마포구에서는 집주인이었다. 아마도 마포구의 전세입자 역시 전세금 9억 원에 거주 중인데, 최대 5억 원의 전세대출을 받고 이외에 신용대출을 모아서, 어쩌면 서초구에 갭투자를 했을 수도 있다. 즉, 모두가 '비거주 전세 레버리지 갭투자'를 하는, 이른바 '초연결' 상태였다.

30대와 40대는 소위 영혼까지 끌어모은다는 '영끌'을 해서, 갭투자를 하는 경우가 많았다. 자신의 금융권 대출한도를 한계까지 쓰는 것이다. 그러다 보니 주택 매수 후 행여나 생길 현금흐름 변동에

취약했다.

두 가지 상황을 가정할 때 이는 그리 바람직한 구조가 아니다.

먼저 전세가격이 하락하는 경우다. 전세가격 하락은 사실 흔하게 일어나는 일은 아니지만, 2018년 입주 물량이 최대이던 시점에 경기도를 중심으로 나타났다. 이런 일이 또 반복된다면, '영끌' 한 소유주의 경우 낮아진 전세금을 임차인에게 돌려주기가 쉽지 않다. 위 사례에서 마포의 전세가가 9억 원인데, 8억 원 정도로 낮아진다고 가정할 때 1억 원을 추가로 마련해 충당해야 하지만 이는 쉽지 않은 일이다. 이미 현금흐름을 최대한 소진했기 때문이다. 전세 계약 시점의 금액 대비 갱신 계약 시점의 전세가격이 낮아지는 것을 '전세난'의 반대라고 해서 '역전세난'이라고 부른다. 역전세난이 발생했을 때, 전세 낀 갭투자자들의 현금흐름에 문제가 발생할 수 있다. 다만, 당시에는 현실적으로 전세가격이 일시적으로 20% 이상 조정되거나 할 일은 거의 상상할 수 없었기 때문에 이런 리스크는 고려할 대상이 아니었다.

두 번째가 더 큰 문제인데, 정부가 전세대출에 대한 기준을 강화하여 고가 주택을 소유한 경우 전세대출을 만기 시에 연장하지 않고 회수할 때다. 예를 들어 서초구에 갭투자 한 30대 지인이 전세대출 4억 원을 받고 매수한 경우, 만기 때 전세대출을 갚아야 한다면 그는 순식간에 4억 원의 현금이 필요해진다. 현금이 없다면 자기가 거주하는 전세를 반전세 혹은 월세로 전환해야 하는데, 이 역시 본인이 거주 중인 마포구 주택의 소유주가 현금이 있어야 가능한 일이다.

그 때문에 후자와 같은 일이 생긴다면 상황은 심각해진다. 왜냐면 전세 낀 1주택 갭투자의 경우 서로 촘촘히 연결되어 있기 때문이다. 강남·서초 – 용산·동작 – 마포·성동 – 서대문·강서 등에 이런 일이 비일비재했다. 내 주변에도 찾아보면 사례가 너무 많아서 "2019년에 집 샀다"라고 말하는 경우 "갭투자로 샀지?"라고 물어보면 예외 없이 들어맞았다.

이런 1주택 갭투자가 흥행한 데는 세법도 영향을 미쳤다. 정부가 꼼꼼하게 이리저리 틀어막았지만, 비밀키 하나가 존재했기 때문이다.

소득령 154조라는 치트키

1세대 1주택자의 경우 실거래가 9억 원 이하의 주택은 비과세 대상이다. 다만 매도 시 주택 보유기간이 2년 이상이어야 한다. 그런데 2017년 8.2 대책 이후에는 2년 소유 조건에다 추가로 2년 거주 조건이 붙는다. 즉, 1주택 갭투자로 매수한 1주택자의 경우에는 '9억 비과세'를 적용받지 못한다는 의미였다.

특히 '9억 비과세'가 갖는 세법상 힘이 크기 때문에, 정부는 지속해서 실수요자에게만 9억 비과세를 주기 시작했다. 그런데 1세대 1주택에게만 주던 9억 비과세 혜택을 다주택자도 받고 있었다. 본인 거주 주택을 제외한 나머지 모든 주택이 국민주택 규모(전용면적 85㎡) 이하이면서 공시가격 6억 원 이하인 소형-저가 주택을 장기 임대사업자로 등록한 경우, 세법상 등록한 주택들이 보유 주택 수 계산에서 빠지면서 실질적 1주택자가 되어서 9억 비과세를 챙길 수 있었다.

예컨대 5주택자이고, 1주택은 자기 거주인데 4채의 주택은 모두 장기임대사업에 등록했다고 하자. 이때 4채의 주택이 각각 공시가격 6억 원 이하이고 85㎡ 이하라면, 그는 세법상 1주택자로 의제 처리된다. 따라서 9억 원 비과세 혜택을 받을 수 있었다.

그리하여 정부는 2019년 2월 소득법 시행령을 개정하면서 주택의 '거주' 요건을 강화한다. 다주택자 상태일 때는 자가로 거주하더라도 2년 거주일 계산에 포함하지 않기로 한 것이다. 가령 1주택 실거주자가 거주했다면 거주일을 계산해서 2년이 지나면 비과세 혜택을 주지만, 앞서 1주택 실거주 + 장기임대주택 등록한 다주택자의 경우 세법상 1주택자라 할지라도 '거주일'이 계산되지 않으므로 2년 거주 요건을 채울 수 없어서 비과세 혜택을 받을 수 없다. 이러한 변화는 2021년 1월 1일부터 적용된다. 단, 임대사업자의 경우 평생 1회 거주 주택 비과세는 가능하다.

2021년 이후 다주택자가 1주택자처럼 '9억 원 비과세'를 받는 방법은 오직 하나다. 거주하는 주택을 제외한 나머지 주택은 다 팔고 '실제로 1주택자'가 되어야 한다. 그 상태에서 거주 2년 조건을 채워야 한다는 의미다.

이처럼 '9억 비과세'는 실수요자들에게만 주는 혜택이다. 그런데 1주택 갭투자자들도 이런 혜택을 받을 수 있다. 이게 어떻게 가능할까?

모든 규제 위에 있는 소득령 154조의 위력

여기서 소득령 154조가 등장한다. 이 규정은 1주택 갭투자를 하는 투자자가, 그 주택을 '4년 단기임대'에 등록하고 이를 채우면 '2년 거주 요건'을 배제한다는 내용을 담고 있었다. 즉, 전세로 두 번 돌리면서 단기임대 등록만 해놓고 4년만 버티면 그 집에 살지 않아도 9억 비과세 혜택을 받을 수 있다는 것이다.

심지어 소득령 154조는 그게 투기지역이든, 투기 과열이든, 조정지역이든, 일반 지역이든 아무런 상관이 없었다. 즉, 그 어느 지역이더라도 9억 비과세 혜택을 받을 수 있었다.

심지어 그 주택이 공시가격 6억 원 초과든 이하든, 전용면적 85㎡ 이상이든 미만이든 그야말로 아무것도 따지지 않았다. 소위 묻지도 따지지도 않고 '4년 단기임대만 하면 9억 비과세'를 주는 규정이었다. 여러 가지 제도와 규제, 법을 마음대로 넘나드는 막강한 치트키이자 소수의 세무서비스를 받던 사람들만 알 수 있었던 비밀키였다.

이처럼 소득령 154조의 등장을 두고 시장에서는 말들이 많았다. 이 규정은 세무사들이 상담 과정에서 조용히 안내해주는 비법이기도 했다. 세무사들 사이에서는 이 규정을 만든 국세청 직원 본인이 그렇게 부동산을 매매하기 때문에 여러 규제를 회피하기 위해서 세법에 이 내용을 넣은 것이라는 '카더라' 추측까지 나왔다. 그만큼

월별 서울시의 자가와 투기수요 추이

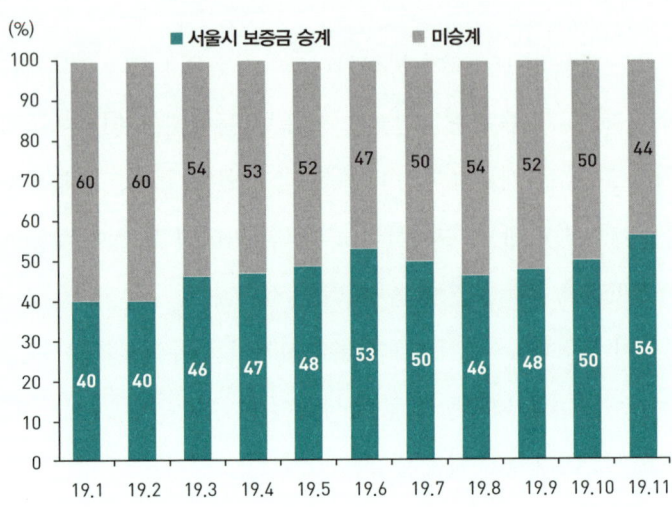

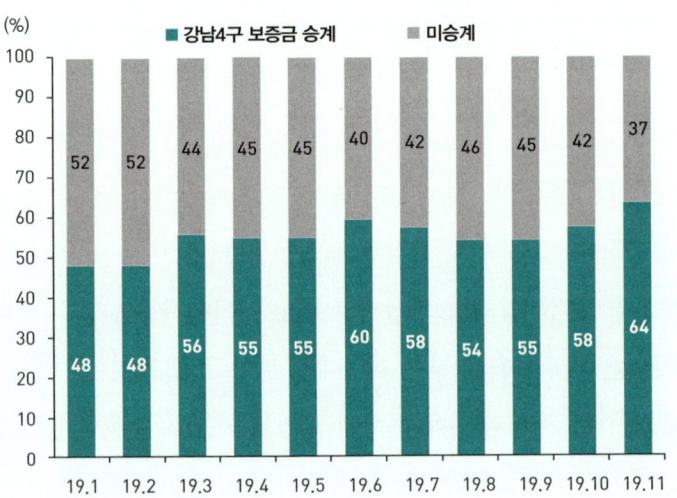

*출처: 부동산114, 하나금융투자

너무나 편리하고, 모든 규제 위에 존재하는 올 패스 키였기 때문에 이런 소문이 돌았을 정도였다.

소득령 154조와 전세원금 유동화 사이클은 브레이크 없는 기차처럼 앞만 보고 전진한다. 2019년 하반기의 상승장은 '공급이 부족하다'라는 절대적 신념 속에 가용 자금을 최대한도로 유동화해 갭투자에 쏟아 넣고, 이를 4년 단기임대로 등록하는 제도를 활용하면서 나타났다. 2019년 하반기 들어 임대등록 물량이 다시 증가하는 데에는 이처럼 '1주택 갭투자'와 '단기임대등록'이 맞물리면서 나타난 현상이었다.

외형상으로는 2018년의 다주택자 임대사업자 등록 사이클이나 1주택 갭투자 사이클이나 모습과 양상이 비슷하다. 어차피 모두 다 갭투자였기 때문이다. 즉, 보증금을 승계하고 매수하는 투기수요의 비중이 올라가면서 가격 상승이 나타나는 전형적인 투기적 장세의 모습이었다.

서울시의 경우 갭투자 비중은 2019년 5~6월부터 상승하기 시작했고, 11월에는 56%로 올라갔다. 가격 상승이 나타난 것도 당연한 결과였다. 강남 4구는 3월부터 50%대를 유지하면서 높은 수준을 나타냈다. 2019년 하반기부터 갭투자 비중이 증가한 것은 주택가격 재상승을 의미했다.

5장

시장 vs 정책 누가 셀까? ③

12.16대책의 등장

전세 레버리지 사이클을 끝내다

'1주택 갭투자'라는 용어는 국토부가 처음 사용하기 시작했다. 그리고 전세대출을 주택 시장으로 흘러가는 자금의 주요 원천으로 본 정부는 2019년 10.1대책을 통해서 1차적으로 전세대출에 대한 규제를 만들어낸다. '9억 원 초과 부동산을 보유한 경우, 전세대출의 보증 일부를 금지'하는 내용이었다. 전세대출의 보증은 주택도시보증공사(HUG)와 주택금융공사 그리고 서울보증보험의 3개 기관이 수행한다. 이 보증을 통해서 국내 주요 은행들이 전세대출을 수행해준다. 그런데 주택도시보증공사와 주택금융공사는 공공기관인 데 반해 서울보증의 경우 민간기관이다. 민간에 대한 통제력이 없었기 때문에 전세대출 규제는 공적 보증만 제한하는 형태가 되고 만다. 한마디로 반쪽짜리 대책을 발표한 셈이다.

가령 본인은 마포에 전세대출을 받아서 전세로 살고, 투자용 주택은 용산(9억 초과)에 갭투자를 해놓은 사례가 있다고 해보자. 그런데 10.1대책상으로는 이런 1주택자의 경우에는 마포의 전세대출이 연장되지 않아야 하지만, 서울보증을 통하면 연장이 됐다. 나오자마자 반쪽짜리 정책으로 비판을 받았다. 아울러 전세대출을 먼저 받고 거주하다가 주택을 사후적으로 구입하는 경우, 선후 관계만 달라지는데도 불구하고 공적 보증을 받은 전세대출을 유지하는 데 아무런 문제가 없었다. 그래서 정책 이후에도 이런 1주택 갭투자는 지속해서 성행한다. 11월에 갭투자 비중이 56%로 올라간 것이 그 방증이었다.

1주택 갭투자자들에게는 양도소득세 역시 문제가 아니었다. 원래는 2년 거주 요건을 충족해야만 '9억 비과세'를 받을 수 있었는데, 소득령 154조 규정에 따라 '단기임대 4년 충족' 시 9억 비과세 혜택을 받을 수 있었고 10.1대책에서 이를 건들지 않았기 때문이다. 어차피 비거주 갭투자를 한 것이므로 2년 전세를 2번 돌려서 4년을 채우는 것은 어렵지 않다는 생각이 팽배했다.

소득령 154조는 투기지역/투기 과열/청약조정지역을 가리지 않고, 시세도 가리지 않고, 전용면적이나 공시가격도 가리지 않았다. 그래서 '모든 주택'에 대해 단기임대 4년을 등록한 1주택 갭투자자라면 '9억 비과세'를 주는 비밀키에 가까운 파괴력이 있었다.

이러한 국면에서 1주택 갭투자가 더 격렬해지던 2019년이 저물어가는 12월 16일 월요일, 기자들에게 엠바고가 날아든다. 13시에 총리가 대책을 발표한다는 내용이었다.

  그날 부동산 대책이 나올 것을 예상한 사람은 드물었기에 무슨 내용이 나올까 하고 가벼운 마음으로 지켜보던 기자들은 일제히 '헉' 소리를 내면서 정책 발표장을 지켜봐야 했다.

  이날 발표된 부동산 12.16대책은 '부동산 시장 안정화 방안'이라는 간단한 제목이었다. 그러나 그 내용은 보도자료 36장과 별도의 질의응답집으로 구성된 방대한 분량이었다. 이 12.16대책이 전세 레버리지 사이클의 종료, 1주택 갭투자 매매에 철퇴를 내리는 문재인 정부의 세 번째 종합부동산 대책이었다.

17차례 부동산 대책을
집대성한 No.18

정부는 2019년 12월 16일 월요일, 국무총리 주재로 긴급 부동산 대책을 발표한다. 누구도 예상하지 못한 상황에서 총리 주도의 정책이 발표되자 시장은 충격을 받는다.

12.16대책은 그야말로 방대한 내용이었다. 앞서 17번 시행했던 부동산 정책들의 결정판이었다.

먼저 가계대출 부문에 대한 정책이다. 2017년 8.2대책으로 투기지역·투기과열지구는 주택담보대출 LTV가 40%로 유지되었는데, 12.16대책은 이를 차등했다. 9억 원 이하의 주택은 LTV 40%로, 9~15억 원 사이는 LTV 20%를 적용한 것이다. 예를 들어 15억 원의 주택이라면 종전까지는 LTV 40% 기준 6억 원의 주택담보대출을 받을 수 있었지만, 이후 9억 원까지는 40%인 3.6억 원을, 초과분

6억에 대해서는 20%인 1.2억 원을 받아 총 4.8억 원을 받을 수 있게 됐다. 대출한도는 4.8억/15억 = 32%가 된다.

아울러 가계-개인사업자-법인 등 모든 차주를 대상으로 하여 규제의 빈틈을 없앴다. 과거 8.2대책이 발표됐을 때 규제의 틈새를 노려 법인 대출 시장이 성행한 바 있어 나중에 추가 대책을 내야만 한 적이 있었다. 이번에는 한 단계 발전한 모습이었다. 최소한 주택담보대출 부문에서 그간 우회경로가 많이 존재했으나 12.16대책을 통해서 마침내 없어졌다.

여기에 또 다른 내용은 시장에 엄청난 충격을 주었다. 바로 초고가(시가 15억 원 초과) 아파트에 대해서는 주택 구입용 LTV를 0%로 금지한 것이다. 즉, 15억 원까지는 LTV 32%로 빌릴 수 있지만, 15억 1원이 된다면 LTV가 제로가 된다는 의미였다. 이 정책은 12월 17일 이후 신규로 주택을 취득하는 사람들에게 적용한다고 발표문에 나와 있었으나, 수많은 언론이 이를 가장 먼저 대서특필하면서 당시 부동산 매매계약을 해놓고 잔금대출을 받지 않은 사람들을 다음 날 은행으로 몰려들게 했다. 이 정책 역시 모든 차주를 대상으로 적용하여 빈틈을 찾지 못하게 했다. 훗날 이 제도는 헌법소원까지 청구될 정도로 논란을 불러일으키지만 12.16대책의 핵심은 주택담보대출이 아니었다.

주택담보대출의 실수요 요건도 강화했다. 12.16대책 전에는 규제지역 내 1주택 세대가 2년 이내에 주택을 처분하는 조건, 무주택 세대는 고가 주택(당시 공시가격 9억 원 기준)을 구입하고 2년 내 전입하는 기준으로 주택담보대출을 받을 수 있었다. 즉, 공시가격 9억 원 이상 주택으로, 시세로는 약 18억 원 수준의 초고가 주택에 대해서도 어느 정도 대출이 허용되었다. 공시가격 기준은 늘 그렇지만 시세가 얼마인지 애매한 구석이 많다. 그래서 12.16대책은 고가 주택의 기준을 공시가격 9억 원(당시 시가 18억 수준)에서 시가 9억 원 수준으로 시세 기준을 적용하기로 한다. 이 변화로 주택담보대출 규제의 적용 대상이 획기적으로 늘어났고 이는 주택담보대출 규제를 추가로 강화한 셈이 된다. 서울시 아파트의 중위가격이 약 9억 원이었으므로, 사실상 서울시 중위가격 이상의 아파트 전부가 고가 주택이 되는 순간이었다.

아울러 전입 2년에 대한 기준도 전입 1년으로 제한하면서, 1년 내 전입 및 처분의 의무를 부과한다. 이는 미리 주택을 사서 일시적 2주택이 되는 경우, 2년을 채우면서 행여나 있을 주택가격 상승분을 마지막까지 노려보기 위해 기회를 엿보지 말고 곧바로 처분 또는 전입을 하라는 의미였다. 특히 일시적 2주택자의 경우 1년 이내에 기존 주택을 처분하고, 신규 주택으로 전입하는 조건을 모두 충족했을 때만 조정지역 내 9억 원 이상의 주택에 대한 주택담보대출을 받을 수 있도록 강화했다. 무주택 가구가 신규 주택을 미리 산 경우에도 1년 안에 전입해야만 주택담보대출을 받을 수 있도록 실수요 중심으로 대출을 강화한다. 즉, 새집으로 갈아타는 실수요자라면 간 보지 말고 사자마자 그 집으로 갈아타고 종전 주택은 곧바로 팔라는 메시지였다.

12.16대책의 하이라이트는 전세대출을 활용한 갭투자 방지책이었다. 그리고 바로 이 대목이 2018년 9.13체제를 종료하고 새로운 시대가 열린다는 것을 알리는 지점이었다.

10.1대책까지는 전세대출을 받은 차주가 시가 9억 원 초과 주택을 구입하거나 보유하는 경우, 전세대출에 대한 공적 보증(주택금융공사, HUG의 보증)은 제한됐지만, 사적 보증인 서울보증을 통해 우회할 수 있었다. 정부는 전세금 레버리지 갭투자 사이클을 눈치채고, 2019년 10.1대책을 발표하면서 공적 보증을 받기 어렵게 했으나, 서울보증의 존재로 발표와 함께 아무 효력을 발휘하지 못했던 아픔이 있었다.

이 때문에 12.16대책에서는 관련 규정을 정비해서 9억 원이 넘는 주택을 구입 혹은 보유한 자가 전세대출을 받으려 할 때 서울보증을 포함하여 모든 보증을 받을 수 없게 했다. 실로 강력한 한 수였다. 이 제도는 2020년 1월 20일부터 시행되었다.

전후 관계를 활용한 편법도 방지된다. 9억 초과 주택을 보유한 사람이 신규로 전세대출 받는 것을 방지할 뿐만 아니라 전세로 거주 중이던 상태에서 9억 초과하는 주택을 구입한 경우에는 대출을 회수하기로 한다. 공적 보증 기관들에서는 매 3개월 단위로 금융권에다 전세대출 차주의 주택 소유 여부를 알리는 시스템이 있어서 할 수 있는 규제였다.

  12.16대책의 발표로 인해 이제 9억 원 이상의 고가 주택을 전세 끼고 갭투자 하려는 1주택 수요는 상당히 어렵게 됐다. 전세가 사라지는 것은 아니더라도 전세를 유동화해서 갭투자 하는 사이클은 막은 것이다.

다주택자가 사라질
수준의 보유세

2020년 설날을 맞아 MBC라디오에 출연하여 부동산 시장에 관해 방송한 적이 있다. 그때 유튜브로 실시간 질문을 받았는데, 그중 "보유세를 높이면 주택가격이 잡히지 않나요?"가 있었다. 이와 비슷한 질문이 여러 번 들어왔다. 주택가격 상승을 보유세로 잡길 바라는 생각, 보유세를 더 높였으면 하는 바람이 담긴 질문을 받았던 기억이 새롭다.

은행의 상속증여센터에 소속된 세무사들이 최근 무척 바빠진 것도 부동산 세금 때문이다. 지금 부동산 관련 세금이 가장 복잡하여 '양포세무사(양도소득세 계산을 포기한 세무사)'의 시대라고 불릴 정도다 보니, 일반 세무사에게 부동산 관련 세무상담을 받기가 어려워졌다. 그러자 점차 대형은행의 상속증여센터에 관련 문의가 증가했고, 이에 부동산 관련 세무상담이 가능한 세무사들의 가치가 높아지고 있다.

2018년에 종부세 1,200만 원을 낸 한 고객이 2019년에 3,200만 원의 종부세 고지서를 받고, 곧바로 모 은행의 상속증여센터를 찾았다. 그는 혹시 몰라 2020년의 종부세 계산을 의뢰했는데, 공시가격 상승률을 10% 정도로만 잡았는데도 그의 종부세는 2020년에 9천만 원이 나왔다. 겨우 2주택자였지만, 한국에서 가장 공시가격 반영률이 높은 아파트 2채를 보유했기 때문에 나온 결과였다. 물론

종합부동산세 세율 상향 조정

과표 (대상)	일반			3주택 이상 + 조정대상지역 2주택		
	현행	개정		현행	개정	
3억 원 이하 (1주택 17.6억 원 이하 다주택 13.3억 원 이하)	0.5%	0.6%	+0.1%p	0.6%	0.8%	+0.2%p
3~6억 원 (1주택 17.6~22.4억 원 다주택 13.3~18.1억 원)	0.7%	0.8%	+0.1%p	0.9%	1.2%	+0.3%p
6~12억 원 (1주택 22.4~31.9억 원 다주택 18.1~27.6억 원)	1.0%	1.2%	+0.2%p	1.3%	1.6%	+0.3%p
12~50억 원 (1주택 31.9~92.2억 원 다주택 27.6~87.9억 원)	1.4%	1.6%	+0.2%p	1.8%	2.0%	+0.2%p
50~94억 원 (1주택 92.2~162.1억 원 다주택 87.9~157.8억 원)	2.0%	2.2%	+0.2%p	2.5%	3.0%	+0.5%p
94억 원 초과 (1주택 162.1억 원 초과 다주택 157.8억 원 초과)	2.7%	3.0%	+0.3%p	3.2%	4.0%	+0.8%p

* 공시가격 현실화율 70%, 공정시장가액비율 90%를 적용했을 경우.

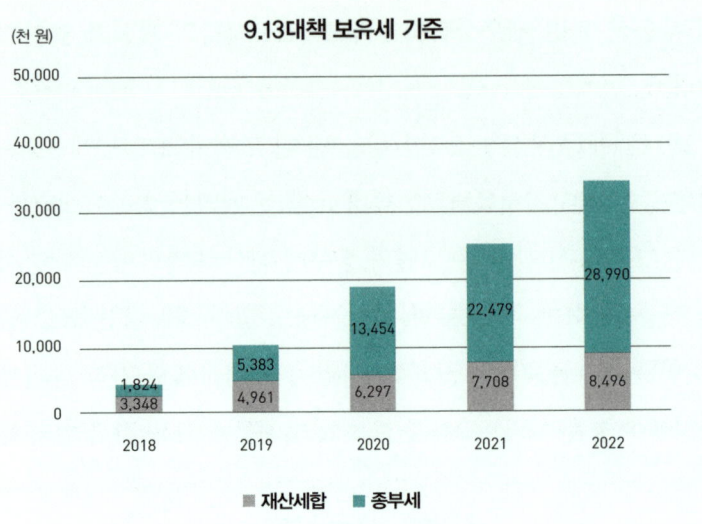

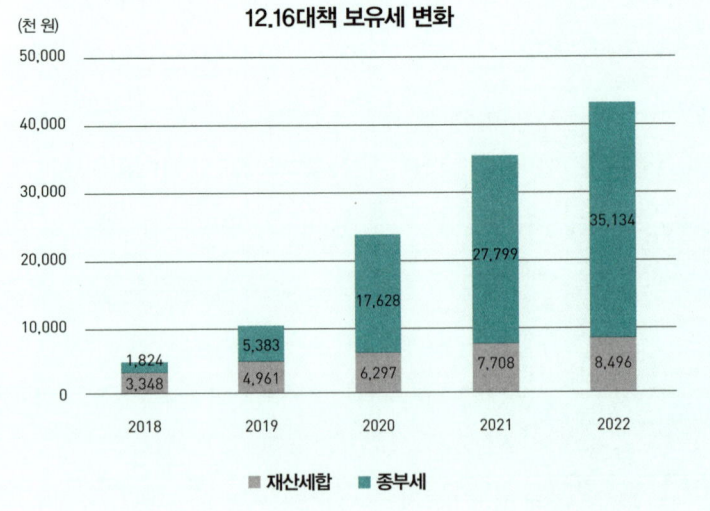

부자와 삼성과 연예인 걱정은 하는 게 아니라는 농담도 있으나, 그는 1억 원에 가까운 보유세 계산 결과를 듣자마자 절세 방안을 찾고자 방문한 것이었다.

심지어 이것은 9.13체제에서의 종부세 계산이었다. 12.16대책에서는 종부세가 그때보다 더 강력해졌다.

종합부동산세의 계산은 '(공시가격 – 9억 원) × 공정시장가액비율 × 세율'이라는 형태로 이뤄진다. 예를 들어 마포래미안푸르지오 34평형 중 공시가격이 7.8억인 아파트는 7.8 – 9억 원 = –1.2억 원이 나오는데, 이런 경우 세금을 내지 않는다. 종부세는 오직 공시가격이 9억 원을 초과해야만 내는 세금이다.

종부세의 위력은 다주택자들에게는 확실히 나타난다. 2주택자 이상일 때 위 식이 '공시가격의 합 – 6억 원'으로 수정된다. 그러니 마포래미안푸르지오 2채를 보유했다면, 그는 '공시가격의 합인 15.6억 원 – 6억 원 = 9.8억 원이 과세 대상 금액이 된다.

여기에 공정시장가액비율을 곱해서 과세표준을 유도하는데, 공정시장가액비율은 2019년에는 85%, 2020년에는 90%, 2021년에는 95%, 2022년에는 100%가 된다. 마포래미안푸르지오 2주택의 경우, 2019년에 85%를 곱하면 과세표준은 8.2억 원이다. 이 금액에 종부세율 1.3%를 곱하고, 재산세를 공제한 후, 추가로 종부세의 20%에 해당하는 농특세를 가산하면 종부세는 약 689만 원이 나온다. 이는 9.13대책을 통한 세율 인상 전 종부세인 254만 원과 비교했을 때 170%나 오른 금액이다.

그런데 12.16대책은 이런 기준에서 추가로 종부세의 세율을 인상했다. 덕분에 2020년에 940만 원의 종부세를 내야 하는 그는 12.16대책을 적용하면 1,500만 원의 종부세를 내야 한다. 9.13대책 때까지는 1.3%를 적용받았지만, 2020년에는 1.6%로 세율이 인상된 효과다. 요컨대 2020년에 그가 부담해야 할 종부세는 120% 이상 증가할 것이다.

12.16대책이 조정한 것은 이것만이 아니다. 종부세 테이블은 조정지역 2주택자의 세부담상한선을 종전 200%가 아니라 300%로 높인다. 세부담상한선의 의미는 전년도 낸 세금액 대비해서 올해 최대한도로 낼 수 있는 세금의 상한선을 의미한다. 그런데 이게 2019년까지 2주택자는 2배였는데, 2020년부터는 2주택자도 3배로 높아졌다. 이것이 의미하는 바는 2주택자만 되어도 세율 변화, 공정시장가액비율 변화, 상한선 변화를 통해서 부과액이 추가로 몹시 높아진다는 것이다.

반면, 1주택자에 대해서는 종부세의 공제율이 종전 10~30%인 것을 20~40%로 높여 장기 보유와 고령자 공제를 합치면 최대

---

*공정시장가액비율: 종합부동산세나 재산세를 매기는 기준이 되는 과세표준을 정할 때 주택 공시가격에 곱하는 비율을 말한다. 예를 들어 이 비율이 80%라면 공시지가가 1억 원이라도 과표 계산은 8천만 원만 적용하는 식이다.

80%의 종부세 공제를 받을 수 있게 하면서 오히려 실수요자들에게 더 큰 혜택을 주었다.

  이런 세법 변화가 전하는 메시지는 단순하다. 2주택자가 되지 말라는 거다. 그리고 1주택을 장기 보유하라는 것이다.

2022년은
보유세가 완성되는 해

정부는 12.16대책이 나온 바로 다음 날인 12월 17일 공시가격 현실화 방안을 발표한다. 현재 공동주택 공시가격의 현실화율을 9~15억 원까지는 시세의 70%, 15~30억 원 사이는 75%, 30억 원 이상은 80%로 높인다는 것이 주요 내용이다. 앞으로 공시가격에서 '시세 반영률'이 중요해진다는 점을 보여준다. 이는 시세가 오르면 공시가격 역시 시세에 따라 같은 속도로 올라가는 것을 의미한다.

12월 17일에 발표한 공시가격 결정 공식에는 전년도 시장가격 상승분이 반영되었다.

전년도 시장가격 × (공시가격 현실화 정도 + a)

이 식에서 a는 (목표 공시가격 현실화율 − 현재 공시가율) ÷ 2를 한 값과 (시세 − 9억 원) ÷ 2를 한 값을 더해서 %를 붙인 것이다. 계산이 복잡해 보이지만 핵심은 간단하다.

예를 들어, 전용 85㎡ 규모의 강북권을 대표하는 신축 아파트의 가격대가 시세 16억 원, 공시가격이 8억 원이라고 할 때 2019년 기준의 공시가격 현실화율은 50% 수준으로 매우 낮다. 여기서 정부 목표는 75%이므로, 16억 기준 공시가격은 시세가 그대로 유지만 돼도 최대 12억 원을 향해 매년 일정 비율 상승한다. 다만 한 번에 올리지는 않고, 전년의 현실화율 대비 최대 10%포인트까지만 높일 수 있도록 연 상한선을 두었다.

이로 인해 2020년의 공시가격은 위 계산식을 따르더라도 자연스럽게 a의 상한선인 10%가 나오면서 공시가격은 시세의 60%가 될 것이다. 그러면 공시가격은 시세 16억 원의 60%인 9.6억 원이 된다. 이는 2019년의 8억 원 대비 20% 상승한 수준이다. 2021년에도 같은 방식으로 a를 계산하게 되고, 시세 반영률 10%포인트가 추가되면 70%가 된다. 그러면 16억 원 기준 공시가격이 11.2억 원이 되며, 이런 방식으로 2022년에는 최댓값인 75%, 즉 12억 원이 된다.

정부의 12.17 공시가격 현실화 방안은 이런 방식으로 약 3년간 시세 반영률을 목표하는 바대로 높일 수 있다. 아마도 2022년에는 모든 것이 완성될 것으로 보인다. 공시가격의 시세 반영률 목표치

대로 구간별 70%, 75%, 80%에 도달하고, 동시에 앞서 살펴본 공시가격에 곱하는 공정시장가격 반영 비율도 100%가 된다. 종부세 계산식상의 공정시장가격 반영 비율 100%가 되는 해가 2022년이다. 보유세의 완성이 2022년이라는 소리가 괜히 나온 것이 아니다.

부부가 집 2채를 소유하고 있다면

위 공시가격 계산 방식이 두려운 이유는 따로 있다. 바로 주택가격이 올라가면 자연스럽게 시세 상승분을 반영하므로 공시가격도 높아진다는 점이다. 따라서 높은 시세 상승은 높은 공시가격 상승률로, 이는 다시 높은 보유세로 연결되는 구조다. 여기에 12.16대책을 통해서 높아진 종부세마저 낸다면, 다주택자들에게 종부세와 보유세는 말 그대로 '다주택을 보유하지 말라'는 수준의 세금이 될 것이다.

이처럼 12.16대책은 9.13대책으로도 충분하다고 평가받던 보유세를 말 그대로 고강도 수준으로 올렸다. 당장 2020년부터는 300만 다주택자 중 보유 부담이 크게 증가한 다주택자들이 보유세 절세를 위해 부부 간 증여, 자녀나 부모에게 증여, 혹은 시장에서 급매, 부동산 신탁 등 다양한 방법을 찾아보느라 바빠지게 생겼다. 3년 후에는 우리나라에 고가 주택을 여러 채 소유한 다주택자가 과연 남아 있을지 의문스럽다. 거의 사라지지 않을까. 참고로 부부 공동명의가 보유세 절감에 도움이 된다고들 하지만, 그렇지도 않다. 최소한 종부세에 대해서만큼은, 만약 2주택 가구라면 부부가 각각 한 채씩을 소유하는 것이 종부세 완화에 훨씬 도움이 된다. 어쨌든 각각 1주택자가 되기 때문이다. 이때 부담하는 종부세율은 1주택 세율이고, 1주택의 경우 12.16대책에서 공제를 더 높여주었기 때문에 이것이 가장 유리하다.

  부부가 주택 2채를 소유하고 있는데, 2채 모두 50 대 50으로 소유하여 각각 2주택자일 때가 가장 운이 나쁜 경우에 해당한다. 2주택자의 경우 12.16대책을 통해서 높아진 세율을 적용받으며, 그 어떤 공제도 없고, 세부담상한선도 300%다. 즉, 고강도 규제의 대상이 된다. 의외로 많은 부부가 부동산 보유세를 낮추는 방법으로 공동소유를 생각하면서도, 공동소유를 통해서 서로 2주택자가 되어버렸을 때 반대로 종부세가 더 높아질 수 있다는 점을 놓치고 있다. 나누는 것도 적당히 나눠야 하는 때다.

거주하지 않고
소유만 하면 세금 낸다

앞서 주택을 소유한 이가 이를 매각할 때 내는 양도소득세는 '9억 비과세 - 장특공제 - 세율'의 3단 구조로 계산된다고 했다. 1주택자의 경우 2년 이상 소유하면 9억 비과세 혜택을 받을 수 있고, 3년 이상 소유한 경우에는 1년에 8%의 특별공제를 받을 수 있어서 최대 10년간 80%까지 엄청난 공제 혜택을 받을 수 있다는 사실도 이제 알았을 것이다.

그런데 12.16대책은 실수요자 기준을 강화했다. 1주택자에게 주어지던 장특공제 80% 혜택을 분리한 것이다. 이러한 변화는 1주택자도 '실거주자'와 '갭투자자'를 분리하려는 의지의 표현이다.

먼저 1주택이라도 '보유'와 '거주'를 분리해서 공제를 적용하기로 했다. 가령 거주 기준 1년 4%, 최대 10년 40%의 공제를 적용하

(현행) 1세대 1주택자(실거래가 9억 원 초과*)는 거주 기간과 상관없이 보유 기간 기준으로 최대 80% 장기보유특별공제 적용

*실거래가 9억 원 이하의 1세대 1주택자는 보유 기간·거주 기간 등 요건 충족 시 비과세.

보유 기간	3~4년	4~5년	5~6년	6~7년	7~8년	8~9년	9~10년	10년 이상
1주택	24%	32%	40%	48%	56%	64%	72%	80%
다주택	6%	8%	10%	12%	14%	16%	18%	20~30%*

*다주택자는 15년 이상 보유 시 최대 30% 공제 가능.

(개선) 1세대 1주택자(실거래가 9억 원 초과)에 대한 장기보유특별공제율 최대 80%(10년)를 유지하되, 거주 기간을 요건으로 추가

보유 기간		3~4년	4~5년	5~6년	6~7년	7~8년	8~9년	9~10년	10년 이상
1주택	합계	24%	32%	40%	48%	56%	64%	72%	80%
	보유	12%	16%	20%	24%	28%	32%	36%	40%
	거주	12%	16%	20%	24%	28%	32%	36%	40%
다주택		6%	8%	10%	12%	14%	16%	18%	20~30%*

*다주택자는 기존과 동일하게 15년 이상 보유 시 최대 30% 공제 가능.

(적용 시기) 법 개정 후 2021년 1월 1일 양도분부터 적용
 −2년 이상 거주자에 한해 1세대 1주택자 장기보유특별공제 적용(기 발표)

2018년 9.13대책에 따라 양도하는 주택에 2년 이상 거주한 경우에만 1주택자 장기보유특별공제(최대 80%) 적용(2020년 1월 1일 시행)

고, '보유' 역시 1년 4%, 최대 40%가 적용된다. 따라서 거주하지 않고 보유만 할 때는 받을 수 있는 공제율이 80%에서 40%로 반 토막 수준이 되었다.

이 법의 규정은 2021년 1월 1일 양도분부터 적용한다. 2020년에 거주 기간 10년을 다 채우지 못한 1주택자가 장특공제 80%를 받아 이익을 최대화하기 위해서는 팔 수밖에 없는 상황이다.

그뿐만이 아니다. 9억 원 비과세 혜택 역시 받을 수 있는 조건을 까다롭게 했다.

9.13대책이 놓쳤던 '1주택 갭투자'의 제도적 허점인 소득령 154조를 손봤다. 조정지역 내 등록 임대주택이 거주 요건 2년을 채우지 못해도 9억 비과세를 받을 수 있었던 소득령 154조의 내용을, 12.16대책일 다음 날부터 새로 임대등록하는 모든 주택에 대해서는 '거주 요건'을 채워야만 9억 비과세 혜택을 받게 했다. 따라서 이 날까지 임대등록을 하지 않은 비거주 갭투자 주택이 있다면, 모두 9억 비과세 혜택을 받을 수 없는 것과 마찬가지가 되었다.

나는 그동안 소득령 154조가 문제라고 여러 차례 국토부나 세무당국에 진정을 넣은 바 있다. 정부가 심혈을 기울여 만든 부동산 정책이 시행령 한 줄로 무력화되는 것은 말이 안 된다고 생각해왔기 때문이다. 이 부분까지 모두 개정된 것을 보자 정부가 12.16대책만큼은 정말 꼼꼼하게 준비했음을 알 수 있었다.

다주택자들을 위한 마지막 기회

양도소득세 부분도 강화했다.

먼저 다주택자의 양도소득세 중과 시, 분양권을 주택 수에 포함하기로 했다. 원래 9.13대책부터 대출이나 청약할 때는 분양권이 주택 수에 포함되었지만, 세법상 분양권은 주택이 아니었다. 참고로 입주권의 경우에는 대출·청약·세법상 모두 주택 수에 포함된다.

이제 다주택자는 조정지역 내 주택을 양도할 때 분양권을 가지고 있다면 주택 수에 포함되어 양도소득세 중과 대상이 된다. 이러한 변화는 2021년 1월 1일 양도분부터 적용된다. 따라서 2020년은 중과세율을 적용받지 않는 해인 만큼 분양권을 보유한 1주택자의 매도 압력이 높아지리라 예상된다.

아울러 2년 미만 보유 주택의 양도세율도 오른다. 종전에는 주택 외 부동산의 경우 1년 미만 양도세율 50%, 2년 미만 40%, 2년 이상은 기본 세율(6~42%)을 적용했다. 주택이나 조합원 입주권만 1년 미만 40%, 2년 미만은 기본 세율로 낮았다. 주택에만 양도소득세 혜택이 존재했던 것이다. 그런데 앞으로는 다른 모든 부동산과 마찬가지로 '1년 미만 50%, 2년 미만 40%, 2년 이상은 기본 세율'로 수정했다.

이 역시 2021년 1월 1일 이후의 매도분부터 적용한다. 이 변화 역시 2020년에 매도 압력을 높이는 정책 중 하나인 셈이다.

매도 압력을 높이려는 의지는 다른 정책으로도 드러난다.

먼저 다주택자가 조정지역 내 주택을 양도할 때는 '장특공제'가 없고, '중과세율'을 적용받아서 최대 68.2%의 세금을 낸다. 12.16대책은 이러한 장특공제 배제와 중과세율의 적용을, 10년 이상 보유자에 한해서 2019년 12월 17일 매도부터 2020년 6월 30일까지 약 6개월간 한시적으로 유예하기로 한다.

이 정책은 오랜 기간 다주택자였던 사람들에게 이른바 엑시트(Exit), 즉 탈출의 기회를 주면서 매도 압력을 높이고 있다. 10년 이상 다주택 상태를 유지하던 다주택자들은 2021년 이후에도 주택을 장기 보유한다면, 앞으로 종부세 늪에 빠져서 헤어 나오지 못할 가능성이 크다. 행여나 임대주택으로 등록해서 종부세 감면을 받고 있는 중에 향후 혹시 등록된 임대주택에 종부세를 부과한다면? 그렇게 된다면 그 순간부터는 보유세와 양도소득세 중과 중에서 하나를 선택해야 하는 문제 앞에서 골머리를 앓을 수 있다. 그런 관점에서 이 정책은 상당한 매물을 유도할 수 있을 것으로 보인다.

물론 단기 매물 출회가 아니라 반대로 매물 잠김이 심해질 것으로 전망하는 견해도 있다. 10년 이상 주택을 보유한 다주택자 중에는 주택에 대한 투자 주기가 몇 년 정도가 아니라, 생애 전 주기에 걸쳐서 주택을 여러 채 보유하는 사람이 많다. 그런 관점에서 이런 한시적 양도세율 정상화 정책이 나왔다고 해서 실제 매물이 많이 늘어날 가능성이 크지 않다고 주장한다. 나중에 국토부 장관은 모

언론사와의 간담회에서 이 물량이 12만 호 수준임을 밝힌 바 있다. 서울시 1년 거래량과 맞먹는 숫자다.

　이상 살펴본 것처럼 12.16대책은 그간 발표했던 17차례 부동산 대책을 총망라하는 18번째 부동산 대책이다. 사실상 종합선물세트에 가까운 패키지형 대책의 최고봉이다. 동시에 정책의 목표가 명확해서 전세를 이용한 레버리지 사이클을 종료시키고, 초고가 주택에 대한 수요를 상당히 낮춰, 고가나 초고가 주택 중심의 시장 상승 분위기를 끝낼 수 있는 대책이다.

분양가상한제 부활의 의미
- 11.6대책과 12.16대책

2019년 7월 8일, 김현미 국토부 장관은 대정부 질의 때 민간택지에도 분양가상한제를 도입하겠다고 천명한다. 김현미 장관은 국토교통위원회에서 이렇게 발언한다.

"무주택 서민들이 부담하기에는 지금의 분양가가 상당히 높은 것이 사실입니다. 민간택지도 분양가상한제 도입을 검토할 때가 되지 않았나…."

이 발언의 충격은 시장에 그대로 전달되었다. 민간택지 분양가상한제가 사실상 폐기된 지 4년 만에 다시 시장에 시행될 것이라는 예고였기 때문이다. 분양가상한제는 정부가 적당하다고 판단되는 수준으로 건축비를 정하면, 건설회사가 여기에 적정 이윤을 붙여서 분양가를 책정하는 제도를 말한다. 분양가격의 거품을 빼서 부동산 시장을 안정시킬 목적으로 도입한 제도다.

투기과열지역과 청약조정지역 현황

	투기지역(16개)	분양가상한제 적용 지역(2019.11.6.)	투기과열지구 (31개)	조정대상지역(42개)
서울	강남, 서초, 송파, 강동, 용산, 성동, 노원, 마포, 양천, 영등포, 강서 (2017.8.3.), 종로, 중구, 동대문, 동작(2018.8.28.)	강남(개포/대치/도곡/삼성/압구정/역삼/일원/청담), 서초(잠원/반포/방배/서초), 송파(잠실/가락/마천/송파/신천/문정/방이/오금), 강동(길/둔촌), 영등포(여의도), 마포(아현), 용산(한남/보광), 성동(성수동1가)	전 지역 (2017.8.3.)	전 지역(2016.11.3.)
경기			과천(2017.8.3.), 성남 분당 (2017.9.6.), 광명, 하남 (2018.8.28.)	과천, 성남, 하남, 고양(해제 2019.11.8.), 남양주(해제 2019.11.8.), 동탄2(2016.11.3.), 광명(2017.6.19.), 구리, 안양 동안, 광교지구(2018.8.28.), 용인 수지, 용인 기흥 *추가(2019.11.8.): 고양 삼송택지, 원흥/지축/향동 공공주택지구, 덕은/킨텍스1단계 도시개발지구, 고양관광문화단지(한류월드), 남양주시 다산동/별내동
부산				해운대, 동래, 수영(2016.11.3.) 3개소 해제(2019.11.8.)
대구			대구 수성 (2017.9.6.)	
세종	세종(2017.8.3.)		세종(2017.8.3.)	세종(2016.11.3.)

김현미 장관의 발언 이후 부동산 시장에는 분양가상한제의 후폭풍이 밀어닥친다. 2019년 부동산 시장에서 뜨거운 이슈 중 하나가 되었다.

분양가상한제는 2000년대 부동산 안정화 대책 중 끝판왕 격이었던 2005년의 8.31대책에서 발표된 내용이었다. 그리고 2007년 4월에 주택법을 개정하면서 전국 민간택지에 분양가상한제를 적용하여 분양가격을 제한했다.

분양가상한제 속의 분양가격은 건축비(기본형 건축비 및 건축비 가산비)와 택지비(감정평가액 및 택지비 가산비) 등의 구성 요소로 결정한다. 즉, 분양가격을 산정할 때 주변 시세가 아니라 소위 '원가 방식의 분양가'를 적용한다.

2019년 말 기준, 서울에는 총 330여 개의 재건축·재개발 정비사업이 존재한다. 이 중 80개 조합이 착공 단계에 진입한 뒤 분양을 하지 않은 상태이고, 50개 조합은 관리처분 인가 단계 상태로 약 130개 조합, 총 분양 물량 13만 호에 이르는 대규모 정비사업 물량이 분양가상한제 적용을 받을 수 있는 환경이 펼쳐진다. 아직 단정적으로 이야기할 수 없는 이유는, 6개월간의 유예를 두어서 분양가상한제의 실제 시행은 2020년 4월 29일이 지난 시점부터이기 때문이다. 덕분에 시행령 개정 후 6개월간 분양을 서둘러 할 수 있느냐 없느냐의 싸움이 펼쳐진다.

그나마 분양가상한제는 2019년 10월 29일 주택법 시행령을 개정하면서 투기과열지구 내에서만 적용하도록 내용이 바뀌었고, 동시에 핀셋 지정이라는 이름답게 서울시 450여 개 동에서 오직 27개 동에만 1차적으로 적용한다고 발표한다. 이 27개 동에서만 8만 호 이상의 분양주택이 분양가상한제에 잠재적으로 노출되었으니 핀셋치고는 상당히 넓은 핀셋이었다. 그러나 동 수를 27개 동으로 제한했기에 핀셋이라 불렸다.

분양가상한제를 하면 집값이 오를까, 내릴까

핀셋은 이후 12.16대책에서 망치로 변한다. 12.16대책은 집값 상승을 선도했던 서울 13개 구 전 지역을 분양가상한제 적용 지역으로 편입한다. 13개 구 목록은 강남구, 서초구, 송파구, 강동구, 영등포구, 마포구, 성동구, 동작구, 양천구, 용산구, 서대문구, 중구, 광진구다. 이외에 정비사업 이슈 등으로 시장 상승률이 상대적으로 큰 5개 구인 강서구, 노원구, 동대문구, 성북구, 은평구에서는 37개 동이 추가로 포함된다.

이들 동은 강서구의 5개 동으로 방화동, 공항동, 마곡동, 등촌동, 화곡동과 노원구의 4개 동인 상계동, 월계동, 중계동, 하계동 그리고 동대문구의 8개 동으로 이문동, 휘경동, 제기동, 용두동, 청량리동, 답십리동, 회기동, 전농동과 성북구의 13개 동인 성북동, 정릉

동, 장위동, 돈암동, 길음동, 동소문동2·3가, 보문동1가, 안암동3가, 동선동4가, 삼성동1·2·3가, 마지막으로 은평구의 7개 동으로 불광동, 갈현동, 수색동, 신사동, 증산동, 대조동, 역촌동이다.

경기권에서도 광명시 4개 동으로 광명동, 소하동, 철산동, 하안동과 하남시의 4개 동으로 창우동, 신장동, 덕풍동, 풍산동, 그리고 과천시의 5개 동으로 별양동, 부림동, 원문동, 주암동, 중앙동 지역이 분양가상한제 적용을 받는다.

정부는 분양가상한제를 통해 과거 주택가격이 지속해서 안정화

(적용 시기) **2019년 12월 17일자로 지정 및 효력 발생**

구분	집값 상승 선도 지역		정비사업 이슈
	서울 평균 초과 (주택 종합 또는 아파트)	수도권 1.5배 초과 (주택 종합 또는 아파트)	
지역	강남, 서초, 송파, 강동, 영등포, 마포, 성동, 동작, 양천, 용산, 서대문, 중구, 광진, 과천, 광명, 하남		강서, 노원, 동대문, 성북, 은평

구분			지정
집값 상승 선도 지역	서울		강남, 서초, 송파, 강동, 영등포, 마포, 성동, 동작, 양천, 용산, 중구, 광진, 서대문
	경기	광명(4개 동)	광명, 소하, 철산, 하안
		하남(4개 동)	창우, 신장, 덕풍, 풍산
		과천(5개 동)	별양, 부림, 원문, 주암, 중앙
정비 사업 등 이슈 지역	서울	강서(5개 동)	방화, 공항, 마곡, 등촌, 화곡
		노원(4개 동)	상계, 월계, 중계, 하계
		동대문(8개 동)	이문, 휘경, 제기, 용두, 청량리, 답십리, 회기, 전농
		성북(13개 동)	성북, 정릉, 장위, 돈암, 길음, 동소문동2·3가, 보문동1가, 안암동3가, 동선동4가, 삼성동1·2·3가
		은평(7개 동)	불광, 갈현, 수색, 신사, 증산, 대조, 역촌

된 바 있으니 미래에도 그러리라고 홍보했다. 아울러 국토연구원 역시 분양가상한제를 시행하면 매년 주택가격이 1.1% 하락할 것이라는 연구결과를 발표하며 정부 정책에 힘을 보탰다.

반면 시장의 평가는 달랐다. 분양가상한제를 시행하면, 장기적으로 주택 공급이 감소하기 때문에 주택가격이 상승하고, 특히 신축 주택가격의 상승세가 더 가파를 것이라고 전망했다. 2019년 하반기의 상승장은 분양가상한제 규제 속에서도 이뤄진 만큼 시장이 맞다고 보는 이가 적지 않다. 과연 그럴까?

우리는 이미 9.1대책을 통해서 신도시 공급 중단-구도심 정비사업 촉진 정책이 갖는 힘을 보았다. 12.16대책을 중심으로 한 현시점에서는 다시 신도시 공급-구도심 정비사업 억제로 정확하게 매칭되는 반대 정책이 실현 중이다. 그리고 9.1대책의 대표 정책이 '공급 축소'이고, 현재는 '공급 확대'라는 점에서 공급 부족 논란은 다소 생뚱맞은 느낌이 있다. 공급은 소요량(needs)에 기반해서 이뤄지며 현 공급은 소요량에 대비하는 적절한 수준이다. 그런데 수요는 구매력을 통해서 표출되므로 아무리 적정량을 공급하더라도 구매력, 즉 대출과 전세 갭투자가 활성화한다면 반드시 구매 우위로 가격 상승이 나타날 수밖에 없다.

현재의 상승은 '갭투자 비중'의 상승, 즉 구매력에 기반한 투기수요의 상승이 원인과 현상이지, 소요량 대비 적절하게 공급했느냐의 문제는 아니다. 또 정책 면에서도 지금은 공급 확대 기조라는 점에서 정비사업 위축으로 공급 감소를 우려하는 시각은 반쪽짜리 시각이다.

나중에 설명하겠지만, 주택 공급은 토지 공급보다 영향력이 미미하다. 본질적으로는 도시에 주거용 토지가 순공급되는 것이 부동산의 공급이다. 1기 신도시 때와 같이 신도시를 짓는 것도 토지를 순공급 하는 것이고, 서울 내 비(非)주거용 토지를 주거용 토지로 용도변경 하는 것 역시 순공급 하는 효과를 가져온다.

반면, 주거용 토지 위 재건축·재개발의 공급 효과는 미미하다. 개포동 3단지 재건축은 1,600세대급 재건축이지만 일반 분양은 70세대가 되지 않으며, 반포의 재건축은 3천 세대급인데 일반 분양이 300세대가 되지 않는다. 그러나 KT전화국 부지 하나를 기업형 임대주택이나 주상복합으로 분양하는 KT-Estate의 사업 하나하나가 수백 채에서 1천 세대급 주택 순공급 효과로 이어진다. 이것이 비주거용 토지가 주거용 토지로 용도변경 될 때의 토지 순공급 효과의 위력이다. 따라서 정비사업의 순공급 증가 효과가 미미하다는 점에서 정비사업 위축과 주택 공급을 연결하는 것은 어불성설이다. 오히려 정비사업 활성화는 시간-노력-자본 투입을 거쳐 신축을 도심 내 공급하면서 주택가격 상승으로 이어져왔던 게 사실이다. 정비사업을 촉진하면 주택가격이 잡힌다고? 지나가던 개가 웃을 일이 아닐까.

어디서 집값을 마련했나요?
- 12.16대책

2017년 9월 29일에 등장한 자금조달계획서. 여기에는 금융기관 예금액, 부동산 매도액, 주식·채권 매각 대금, 현금 등 집을 사는 데 들어간 자기 자금과 주택담보대출 비율과 총부채 상환 비율 한도 내의 대출금, 사채 금액 등을 기재하게 되어 있다. 또 주택의 구매 목적에 입주 예정, 가족 입주, 임대를 선택하게 되어 있다. 자금조달계획서만 잘 분석해도 해당 지역에 투기수요가 유입되는지 아닌지를 알 수 있다.

자금조달계획서는 첫 등장 당시에는 투기과열지구 이상에서 3억 원 이상 주택을 매입하는 경우에만 쓰게 했다. 그러다 보니 자금조달계획서를 내야 하는 부담은 투기과열지구가 아닌 곳에는 존재하지 않았다. 특히 조정지역이라거나 비조정지역 등은 이러한 자금

출처 조사로부터 완전히 자유로웠다.

그러나 12.16대책은 부동산거래신고법령을 개정해서 자금조달계획서를 전 지역에 적용하고 내용도 좀 더 깐깐해졌다. 먼저 투기과열지구뿐 아니라, 조정대상지역에 있는 3억 원 이상의 주택을 취득할 경우 자금조달계획서를 내게 하여 적용 지역을 조정지역까지 확대했다. 둘째 조정지역이 아닌 곳에서 시가 6억 원 이상의 주택을 취득할 때도 자금조달계획서를 내도록 했다. 예를 들어 부산이나 대전 등 조정지역이 없는 지역에서도 자금의 출처를 기재해 제출하게 했다.

양식에서도 변화가 생겼다. 먼저 자기 자본 쪽에 상속-증여 등을 구체적으로 적게 하였다. 종전에는 증여상속 등으로 총액만 적으면 되었으나 이제는 증여-상속을 해준 대상을 직접 적게 했다. 차입금 부분은 변화가 더 크다. 종전은 금융기관 대출액의 총액만 적었지만, 이제는 종류를 주택담보대출, 신용대출, 기타 대출로 나눠서 구체적 금액을 자세히 적게 하였다. 그 밖의 차입금으로 주로 가족끼리 주고받던 가족 대출금을 뭉뚱그려서 총액만 쓰면 되던 대출금액도 누구로부터 받았는지, 부부인지 직계존비속인지, 기타 친구인지 등을 쓰게 했다.

새롭게 신설된 항목도 있는데, 주택가격을 지급하는 방식에 대한 부분이다. 조달자금의 지급계획이라는 내용으로, 해당 구입 자금을

주택 취득 자금 조달 및 입주 계획서(별색은 바뀐 부분)

※ 색상이 어두운 난은 신청인이 적지 않으며, [ ]에는 해당되는 곳에 ✓ 표시를 합니다.   (앞쪽)

접수번호			접수일시		처리기간	
제출인 (매수인)	성명(법인명)				주민등록번호(법인·외국인등록번호)	
	주소(법인소재지)				(휴대) 전화번호	
① 자금 조달계획	자기 자금	② 금융기관 예금액		원	③ 주식·채권 매각대금	원
		④ 증여·상속		원	⑤ 현금 등 기타	원
		[ ] 부부 [ ] 직계존비속 (관계:) [ ] 기타 (관계:)			[ ] 보유 현금 [ ] 기타 자산 (종류:)	
		⑥ 부동산 처분대금 등			⑦ 소계	원
	차입금 등	⑧ 금융기관 대출액	주택담보대출			원
			신용 대출			원
			기타 대출			원
					(대출 종류:)	
		기존 주택 보유 여부 *주택담보대출이 있는 경우만 기재 [ ] 미보유 [ ] 보유 (건)				
		⑨ 임대보증금 등		원	⑩ 회사지원금·사채 등	원
		⑪ 그 밖의 차입금		원	⑫ 소계	
		[ ] 부부 [ ] 직계존비속 (관계:) [ ] 기타 (관계:)				원
	⑬ 합 계					
⑭ 입주 계획	[ ] 본인 입주 [ ] 본인 외 가족 입주 (입주 예정 시기: 년 월)			[ ] 임대 (전·월세)	[ ] 기타 (재건축 등)	
⑮ 조달자금 지급계획	총 거래금액					원
	⑯ 계좌이체 등 금액					원
	⑰ 보증금·대출 승계 등 금액					원
	⑱ 현금지급 등 기타 금액					원
	현금 등 기타 방식 지급 사유 ( )					

계좌이체, 현금 지급, 보증금 승계 등 각 방법을 사용해서 얼마를 어떻게 보낼 것인지를 적게 하였다.

자금조달계획서 개정을 담은 시행규칙 개정안을 보면 정부가 얼마나 공을 들이고, 이를 기반으로 시장을 들여다볼 계획인지를 알 수 있다. 이와 동시에 거래신고도 종전 60일에서 2020년 2월 21일부터는 30일로 단축되는 만큼, 자금조달계획서 분석과 자금 추이를 통해서 보증금 승계의 비중이 상승하는 지역이 나타난다거나, 혹은 자금조달계획서상 그간 편법적으로 묵과되던 자금흐름(부모와 자식 간 대출 등) 등에 대해서도 신속한 대응책을 낼 수 있는 기반이 마련되었다고 볼 수 있다.

또 투기과열지구에서 9억 원 초과 주택을 거래하고 신고할 때 자금조달계획서뿐 아니라 자금조달계획서 내용을 입증할 증빙 서류도 증가한다. 자기 자금의 경우 소득금액증명원 등으로, 현금·금융기관 예금액 부분은 예금이나 적금의 잔고 증명서를, 임대보증금 칸에 기입하는 금액에 대해서는 전세계약서 사본을, 또 거래 가능 여부를 확인하기 위해서 분양권 전매제한 예외 증빙 서류 등을 모두 첨부해서 신고하도록 강화했다. 만약 허위로 적었다가는 조사받는다. 특별사법경찰(특사경)이 포함된 실거래 상설조사팀이 조사하고 관계 기관에 통보하여 조치할 수 있게 한 것이다.

특히 이들이 의심하는 사례로는, 미성년자인데 현금·예치금 등 자기 자금이 과다한 경우(증여 신고가 없는 상황에서), 또는 '보증금을 승계'하여, 즉 갭투자로 집을 샀는데 그 집주인 역시 주택담보대출을 시행해서 '주택담보대출 + 보증금'으로 합산 LTV 규정을 초과하는 경우 등이 있다.

  이 제도 역시 부동산거래신고법 시행령을 개정하고, 2020년 2월 21일부터 곧바로 시행된다. 이처럼 자금 출처 조사를 꼼꼼하게 하기로 한 것은 한국에서 흔히 일어나는 일명 '패밀리뱅킹(가족 간 자금 대여 및 편법 증여)'에 철퇴를 휘두르는 격이다.

때론 정부에
맞서지 마라

12.16대책을 보면 한마디로 '정부에 맞서지 마라'는 격언이 떠오른다. 과거 17차례 대책이 나오는 동안 시장은 정부의 의도대로 움직이지 않았고, 정부가 갖는 고유한 권한과 힘을 시장이 무시하면서 12.16대책 같은 강력한 부동산 대책이 나오는 결과를 초래했다.

금융산업은 정부의 규제에 영향을 많이 받는다. 마찬가지로 부동산 역시 소유권을 중시하는 사법적 영역임과 동시에 공적 기능이 존재하는 공법적 영역이 존재하기 때문에 정부는 시장에 지속적으로 개입을 한다. 어느 정권이라고 해도 그럴 것이다.

그러나 다수의 사람은 최근 정부의 개입이 부적절하다고 하거나 혹은 정부가 시장을 잘 모른다고 평가절하하곤 한다. 물론 지난 18번의 대책 중에는 시장에서 비판을 받을 만한 부분도 있지만, 최소한 한국의 부동산 정책을 집행하는 데 있어서 과연 정부보다 더 전문가가 있을까? 그 때문에 정부에 맞서지 말아야 하는 시간은 반드시 온다. 이른바 '정책 우위'의 시간이다.

정부가 항상 규제만을 남발하는 것은 아니다. 참여정부부터 15년이 넘는 기간 동안 보수정권과 진보정권이 번갈아 정권을 잡으면서 부동산 정책도 그에 따라 크게 변화해왔다. 2013년 4.1대책부터 2015년 4월 분양가상한제 자율화까지 정부가 아낌없이 주는 나무의 역할을 한 적도 있었다. 정권이 바뀌었다고 정책이 바뀌는 것이 아니라 시장 환경과 정책적 목표가 변화를 만들어내는 것이므로 일방향 노선만을 고집할 수는 없다. 다만, 2020년을 맞이하는 현재로서는 정책 우위의 시간대가 찾아올 가능성이 크다.

기술적으로도 12.16대책에서는 2020년 1년 동안 다양한 이유로 매도 압력을 높여놓았다. 수요-공급이 아닌, 매수-매도와 같은 기술적 부분에서의 영향도 조금이나마 존재할 것이다. 가령, 1주택자들에 대한 장특공제가 2021년 1월 1일 이후 매도분부터 적용되므로, 가장 높은 공제를 원한다면 2020년 중 매도가 유리하다거나 하는 식이다. 또 2년 미만 분양권 소유 시 특례세율의 정상화가 2021년 1월 1일부터 시작되는 것도 그렇고, 조정지역 내 10년 이상 보유한 다주택자가 2020년 6월 30일까지 매각 시 장특공제를 적용받고, 동시에 일반 세율로 과세되어서 세부담이 줄어든다는 것 등도 이에 해당한다.

무엇보다 2020년이 정책 우위의 시대로 시작할 가능성이 큰 것은 12.16대책과 더불어 종전에 켜켜이 쌓아놓은 대책들의 종합적 효과가 2020년 이후부터 나타나기 때문이다. 마침내 정책적 효과들이 집대성되어 시너지를 내기 시작하는 것이다.

중첩된 정부 규제의 위력을 가장 잘 보여주는 사례가 재건축이다. 먼저, 재건축에 대한 규제는 8.2대책에서 재건축초과이익환수제(이하 재초환)를 부활시키면서 나타났다. 재초환은 재건축 사업을 통해서 얻을 수 있는 이익을 최대 50%까지 미리 환수할 수 있는 제도다. 재초환은 우리나라에 제대로 도입된 적도 없으며, 대규모 사업장에 적용된 사례도 없다. 그리고 위헌 소지가 있다 하여 헌법재판까지 갔다가 2019년 말에 합헌 판정을 받으면서 확정적으로 시행할 수 있게 됐다. 앞으로는 되돌리기 어려운 제도가 아닐까 싶다.

재초환의 기본 개념은 추진위원회 설립 시점을 '종전' 시점으로 보고, 준공을 '종후' 시점으로 보았을 때, 종후 가격이 과도하게 높아 초과이익이 발생한다면 이를 회수하는 개념이다. 초과이익을 계산하는 계산식은 비교적 간단하다.

> 재건축초과이익 = 종후 가격 − (종전 가격 + 사업비용 + 해당 기간 자연 상승분)

가령 종후 가격이 10억 원, 종전 가격이 5억 원, 사업비용은 2억 원, 해당 기간 자연 상승분은 1억 원인 재건축사업이 있다고 하자.

> 초과이익 = 10억 원 − (5억 원 + 2억 원 + 1억 원 = 8억 원) = 2억 원

재건축 초과이익이 2억 원인 경우, 이 초과이익에 대해서 구간별로 과세하며 1억 1천만 원을 초과하는 구간에 대한 세율이 50%다. 위의 경우 재초환으로 세금을 6,500만 원(1.1억 초과분인 9천만 원에 대해서 50%인 4,500만 원, 1.1억 원까지 누진세 2천만 원을 더한 금액)을 내야 한다.

초과이익이 클 것으로 기대되면 될수록 내야 하는 세금도 가파르게 상승한다. 강남권의 경우 재초환을 통한 세금이 3~4억 원, 일부 단지는 8억 원에 이른다는 언론 발표가 있을 정도였다.

8.2대책이 재초환을 부활시키자, 이를 회피하기 위해서 2017년은 사실상 거의 모든 재건축 단지들이 그 시한인 2017년 말까지 관리처분 인가를 신청하는 데 총력을 기울였다. 그래서 2017년은 재건축 추진 중인 거의 모든 단지가 재초환만 보고 달려갔다고 해도 과언이 아닐 정도로 속도전을 벌였다. 그렇게 관리처분 인가를 2017년 안으로 신청한 재건축 조합 중 분양까지 성공한 단지가 있고, 그렇지 못한 단지들이 여전히 존재한다.

또 2017년 12월 31일까지 관리처분 인가를 신청하지 못한 모든 재건축 단지와 재건축을 추진할 예비 단지는 재초환 대상이다. 현재 안전진단을 신청하거나 추진위를 설립하는 모든 재건축이 대상

이 되는 것이다. 지금껏 재초환이 이 정도로 광범위하게 적용된 적이 없었던 만큼 8.2대책의 위력은 강력할 수밖에 없다. 그런데 어째서 2020년부터 이것이 중요할까?

2020년대는 정책 우위의 시대

현재 투기과열지구 내 재건축 조합원은 원칙적으로 입주권을 매도할 수 없다. 예외적으로 10년 보유, 5년 점유했을 때 일부 조합원의 입주권은 매도가 허용된다. 그러나 현행 도시정비법상 사업 시행 인가를 받고 난 후 만 3년 동안 착공하지 못한 재건축 단지의 조합원 지분은 자유로운 거래가 가능하다. 즉, 2017년 3월에 사업 시행 인가를 받았고 2020년 3월까지 착공하지 못했다면, 그 단지의 모든 조합원은 자유롭게 매도할 수 있는 것이다.

그런데 이것이 2020년 4월에 시행될 분양가상한제와 맞물리면서 상황이 복잡하게 흘러갈 수 있다. 분양가상한제는 조합의 개발이익을 사실상 무력화하는 제도다. 개발이익이 없는 사업을 원하는 조합은 없으므로, 조합원들은 자연스럽게 일반 분양을 최소화하고 극단적으로는 일대일 재건축과 같은 형태를 원할 수도 있다. 그러나 이미 사업 시행 인가를 받은 상태에서 이렇게 변경할 경우 인가를 새로 추진해야 하는 문제가 발생한다. 이는 재초환에 노출된다는 의미다. 분양가상한제는 피할 수 있을지 모르나 재초환은 피하지 못하는 셈이 된다.

재건축사업 초기 단계이면서 분양가상한제 적용 지역에 있다면 재초환과 분양가상한제 모두에 노출된다. 설레는 마음으로 재건축 초기 단계를 시작할 수 있겠지만, 종국에는 재초환과 분양가상한제 때문에 개발이익이 사라질 위기에 처한다. 혹은 힘들게 완료한 재건축 준공 시점의 초과이익을 계산하여 세금을 미리 낼 때 발생할 현금흐름 문제는 향후 재건축 조합에 매우 심각한 위기감을 심어줄 것이다. 이런 변화가 모여 2020년 4월 이후에 완성된 정책의 효과가 발휘된다. 정책이 겹겹이 쌓이면서 나오는 변화다.

여기에 9.13대책과 12.16대책이 보유세를 높인 효과도 가중된다. 관리처분까지 끝내고 철거까지 한다면 주택이 입주권으로 바뀌면서 종부세 계산에서 해당 주택을 합산하지 않는다. 가령 거주 주택이 있고 재건축 아파트도 보유한 2주택자인데, 재건축 아파트가 멸실된다면 1주택자 + 입주권 상태가 되어 1주택자처럼 종부세를 내는 것이다. 그런데 멸실이 지연될수록 자연스럽게 2주택자 상태가 오래 유지되면서 내야 하는 세금도 2주택자에 맞춰서 실효세율 1%대로 진입할 확률이 높다. 즉, 보유 부담 역시 높아지는 셈이다. 이렇게 재초환, 분양가상한제뿐 아니라 9.13대책과 12.16대책까지 겹겹이 겹치면서 재건축 아파트에 대한 규제가 나타날 예정이다.

재건축 하나만 보더라도 겹겹이 쌓인 형태의 규제가 작동한다.

재초환은 향후 법률 제정이나 개정을 통해서 얼마든지 재개발에도 적용할 수 있다. 그리되면 재건축·재개발 모두 유례를 찾기 힘든 규제의 시기를 맞을 것이다.

정부의 대책은 이대로 끝이 아니라 지속해서 19번째, 20번째 등으로 계속 나올 것이다. 특히 9억 원 초과 또는 15억 원 초과 등 고가 초고가 주택이 아닌 경우와 비조정지역처럼 규제 강도가 낮은 지역으로는 얼마든지 투기수요의 이동이 이뤄질 수 있고 이로 인한 시장 불안이 야기될 수 있기 때문이다. 이른바 언론이 주목하는 풍선효과다. 실제 12.16대책 이후 경기권 교통 호재 지역으로의 투기수요 이동과 그로 인한 집값 상승이 지표로 나타나고 있다. 언론은 마용성(마포, 용산, 성동) 이후 수용성(수원, 용인, 성남), 수용성 이후에는 또다시 새로운 지역이 떠오를 것이라고 보는 듯싶다. 이 때문에 정부는 늘 늑장 대응을 하는 것처럼 보이곤 한다.

그런데 수정 강화된 자금조달계획서가 전국적으로 적용되므로 이런 풍선효과도 찾아보기 어려워지리라 예상한다. 전국 대상 자금조달계획서를 모아 한 달 내 거래현황을 파악하고, 자가 수요인지 투기수요인지 바로 파악할 수 있기 때문이다. 이는 과거에 존재하지 않았던 데이터 기반으로 실시간 시장을 관리할 수 있음을 뜻한다. 일단 현상을 파악하면 신속하게 대응할 수 있다.

2020년대는 누적된 정부 정책이 위력을 발휘하는 시대가 될 것이다. 12.16대책 하나만이 아니라, 그간 첩첩이 쌓였던 세 건의 종합대책들과 각종 대책이 힘을 받는 시기다. 특히 고가, 초고가 주택을 대상으로 하는 누적된 가격 안정화 정책 우위의 시대가 바야흐로 오고 있다.

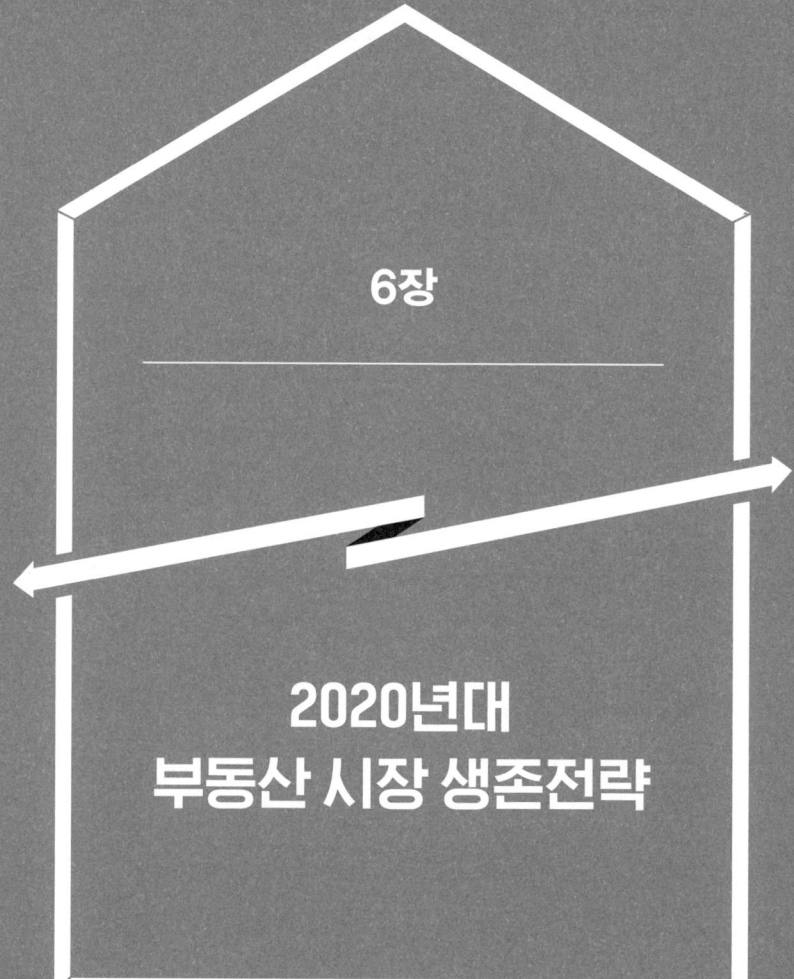

앞으로 집값은
어떻게 될까?

많은 언론에서 서울 모처의 아파트가 평당 1억 원을 찍는지 아닌지에 주목하고 기사들을 쏟아낸다. 가격은 늘 자극적인 소재여서 조회 수도 높고 기사에 댓글도 많이 달린다. 앞으로도 꾸준히 이런 유의 기사들이 나올 것이다.

강남에서 평당 1억 원으로 거론되는 반포의 한 아파트를 보자. 분양가격은 평형당 4천만 원 수준이었다. 분양가격은 토지비와 건축비로 구성되는데, 대략 나눠보자면 토지비를 약 3천만 원, 건축비를 약 1천만 원으로 나눌 수 있다. 준공 후 5년 정도 지나면서 평당 1억 원이 되었다면, 건축비는 그대로이므로 1억이라는 가격은 토지비가 평당 9천만 원으로 올랐다는 것을 뜻한다. 만약 지금 당장 그 아파트를 철거하고 새로 건설한다고 하더라도 건축비가 크게 상승하지는 않는다. 즉, 다른 아파트를 짓는다고 하더라도 건축비는 1천만 원, 그러나 해당 토지를 점유하는 데 드는 비용인 토지비는 3천만 원에서 9천만 원으로 3배가 상승한 것이다. 토지가격이 상승하면 주택가격만 상승하는 것이 아니다. 상업용 빌딩 등 토지 위에 올라간 건축물 전체의 가격 상승이 나타난다. 지난 10년 동안 서울시나 부산시 등 광역시의 부동산 시장 역시 토지가격 상승의 연장선상에 있었다. 그렇다면 토지가격은 왜 올랐을까? 바로 토지의 수요 대비 공급이 적었기 때문이다. 부동산 가격 상승의 배경에는 이처럼 토지가 있다.

강남 평당 1억 원의 의미

도시의 토지가격이 지속해서 상승하는 것은 우리만의 일이 아니다. 주요 국가에서도 발생하는데, 이를 깊이 연구한 카타리나 크놀(Katharina Knoll) 교수는 「No Price Like Home: Global House Prices, 1870~2012」라는 논문에서 이 내용을 자세히 다룬다.

크놀 교수는 세계 14개국 1870~2012년 직전까지 무려 140여 년에 걸친 실질 주택가격 추이를 추적해 2017년 1월 세계적인 경제저널에 발표했다. 이 논문은 당시 우리가 일본식 장기침체의 전철을 밟는다고 부르짖던 일본 증권사나 연구기관 들의 주장을 정면에서 반박할 수 있는 자료였다. 그는 논문에서 '1870년부터 1960년까지 주택가격이 실질 가격으로 안정적이었던 것은 토지가 효과적으로 공급될 수 있는 환경과 철도교통 등 교통망이 획기적으로 건설되었기 때문'이라고 진단한다. 또 1960년부터 2010년대까지 주택가격이 지속해서 상승한 원인으로 도시의 성장에도 불구하고 토지가 충분히 확보되지 못하고, 또 철도망 확충 등과 같은 교통 혁신도 없었기 때문이라고 일갈한다.

이를 한국에 적용해보면 어떻게 될까. 1980년대 수도권 팽창 시기에 택지개발촉진법을 통해서 공급할 수 있었던 1기 신도시와 수도권 신시가지들, 즉 새로운 토지들이 수도권으로 편입되면서 토지 공급이 충분했고, 이를 통해 서울을 포함한 구도시 가격의 급등을 효과적으로 방어할 수 있었다. 반면, 2000년대의 구도심 가격 급등기에는 2기 신도시 공급이 충분하지 못했다. 특히 2기 신도시의 경우 서울 쪽 출퇴근이 사실상 어려운 통근통학률이 낮은 도시만을 만들어내면서 실질적 공급 효과가 없었다. 2010년대 들어서는 이마저도 없어서 사실상 신도시가 새롭게 기획되지 않았고, 특히 9.1 대책으로 인해서 택지 공급 제로를 선언하는 순간, 구도심 토지가격이 상승하는 것은 당연한 결과였다.

이러한 맥락 속에서 지난 2010년대의 주택 정책과 주택가격 추이를 바라보면 토지 공급은 주택 시장 안정에 필요한 요소임을 확인할 수 있다. 늦게나마 정부는 2018년 9월과 2019년을 통해서

세 번에 걸친 3기 신도시 공급 확보 방안과 2019년 말 수도권 광역 교통망 확보 방안 등을 발표하면서 크놀 교수의 주장대로 '토지와 교통'의 공급을 추진하였다.

3기 신도시 발표가 일으킨 변화

2018년 9월 21일, 3기 신도시 정책이 '수도권 주택 공급 확대 방안'이라는 이름으로 발표된다. 2014년 9.1대책에서 택지개발촉진법 폐지를 발표하고 신도시의 주택 공급 중단을 선언한 지 만 5년 만에 일어난 근본적인 변화였다. 동시에 현 정부에서 처음으로 '공급 확대'를 천명하는 내용의 정책이었다. 정책의 중요성 때문에 발표하는 시기를 2014년 9월과 대응시키려고 2018년 9월로 맞춘 것이 아닐까, 하는 생각이 들 정도였다.

3기 신도시는 2018년 9월 1차 발표에서 과천지구 7천 세대 공급을 시작으로, 그해 11월 2차 발표에서 남양주 왕숙지구, 하남 교산지구, 인천 계양지구를 발표한다. 이 중 남양주 왕숙지구는 11km²의 거대한 신도시로 기획됐고, 왕숙지구의 등장과 함께 GTX-B노선에 새로운 역까지 건설하는 계획으로 이어진다.

2019년 초, 정부는 3기 신도시 3차 후보지로 고양 창릉지구에 3.8만 세대와 부천 대장지구에 2만 세대의 공급을 기획한다. 부천 대장지구는 인천 계양지구와 물리적으로 인접해서 하나의 지구라고 봐도 무방할 지역이라 이 두 개 지역을 합치면 총 6.8km²에 3.7만 호의 주택으로 신도시 하나에 맞먹는 공급 규모였다. 고양 창릉지구는 대곡 역세권에 인접한 총면적 8.1km²에 3.8만 호의 주택을 공급하겠다고 발표했다.

3기 신도시를 발표하면서 주택 공급의 포문을 새롭게 열었으나 막상 3기 신도시가 발표되자 서울시의 주택가격은 상승하고, 경기도 중 3기 신도시 외곽 지역 특히 2기 신도시 지역의 부동산 시장이 냉각되는 현상이 나타난다.

시장은 3기 신도시가 공급되는 경기도 지역의 공급 과잉을 우려했고, 특히 2기 신도시 주민들은 아직 준공도 되지 않은 상태에서 3기를 공급하는 데 대해 불만을 강하게 표출했다. 많은 지역에서 3기 신도시 지정을 철회하라며 잇따라 시위했다.

그러나 2019년 말, 정부의 3기 신도시 조속 착공 원칙대로 해당 택지 공급이 이르면 2020년 말, 2021년부터 본격화할 것으로 기대되면서 3기 신도시가 공급될 지역으로 미리 전세로 들어가서 청약 1순위 자격을 받기 위한 움직임도 나타났다.

3기 신도시는 1기나 2기 신도시에서 부족했던 도시 기능을 보완하는 형태로 설계된다. 경기도의 도시 구조에서 '일자리'는 도시의 구심력을 결정하는 핵심 기능이지만, 막상 경기도 내 대부분 신도시는 주택 공급만을 목적으로 한 시기에 건설되어서 일자리 시설이 차지하는 면적보다는 주택 공급 면적이 압도적이었다. 그래서 도시 전체가 베드타운화하는 일이 흔했다. 정부는 3기 신도시에는 업무·산업시설이나 문화시설 등을 집중 배치하여 주거 기능 이외의 도시 기능을 해당 시도에 제공할 계획이다. 이는 3기 신도시 토지 이용 계획도상에 반영될 것으로 판단된다.

사실 과거 2000년대 초반에도 성남 판교에 주택을 공급한다고 발표했을 때, 2기 신도시 입지가 1기 신도시보다 서울시에서 좀 더 가까운 경우 분당 등 1기 신도시 주민들이 상당히 반대하곤 했다. 그러나 판교가 업무 중심 도시로서 토지 이용 계획도가 구성되고, 이것이 현실화하자 판교는 성남시 전체, 나아가 경기도의 업무중심지구로 급부상하여 현재는 서울의 3대 오피스 지역인 강남(GBD), 여의도(YBD), 광화문(CBD)에 이어 판교 중심 업무지구인 PBD로 성장했다. 3기 신도시 각각은 아마도 해당 도시 지역에 이러한 기능을 부여하여 1·2기 신도시들과 결합하고 시너지를 내면서 경기권 도시 기능을 확대하는 식으로 커질 것이다.

2020년대 주택가격의 미래

중요한 점은, 이제 3기 신도시의 등장으로 얼마든지 추가 신도시 지역이 지정될 수 있다는 것이다. 과거 보금자리주택지구로 거론됐던 광명지구 같은 경우가 그러하다. 물론 경기도에 주택을 공급하는 것일 뿐, 서울시 안쪽에 공급하는 것이 아니므로 여전히 '서울 주택 공급 부족'으로 보는 시각이 있지만, 서울을 행정구역만으로 본다면 너무 협소하게 생각하는 것이다. 이미 수도권은 서울 생활권(서울시의 표현) 또는 서울세력권(나의 표현), 또는 대서울(김시덕 교수의 표현)처럼 다양한 이름으로 불린다.

결국 핵심은 서울 및 주변 지역이 같은 생활권이라는 점이다. 이 때문에 같은 생활권 내에서 2020년대에 중심이 될 도시 지역인 3기 신도시의 공급은 충분히 파급효과를 기대할 수 있지 않을까. 그리고 신도시는 한국에서 주택 순공급을 늘리는 효과가 가장 크므로, 생활권 내 신도시 정책이 갖는 효과에 주목해야 한다. 특히 출퇴근할 수 있는, 30분 내 거리에 있는 신도시에 주택이 공급되거나 종전의 신도시들이 도로와 철도망을 포함한 광역망으로 연결되는 것은 도시에 토지를 공급하는 효과로 이어진다.

우리나라의 철도망 계획은 지난 10년간 형편없었다. GTX가 논의된 2009년 이후 2019년까지 사실상 한 게 없기 때문이다. 그러

3기 신도시 발표 지역

구분	1차 발표	2차 발표			3차 발표	
	과천	남양주 왕숙	하남 교산	인천 계양	고양 창릉	부천 대장
면적(만m²)	155	1,134	649	335	813	343
호수(만 호)	0.7	6.6	3.2	1.7	3.8	2.0

나 2020년대는 GTX와 신안산선을 포함해 다양한 광역철도 노선들이 연장되고, 수도권 30만 호 공급과 광역교통망 대책에 따라 토지의 추가 공급과 같은 효과가 나타날 것으로 보인다. 즉, 1993~1994년과 유사한 광역 신도시 개발 효과가 2023~2024년 전후로 나타난다는 뜻이다.

1990년 이후 비싼 집값이 사회문제로 떠올랐을 때 노태우 정부는 주택 200만 호를 공급하기로 한다. 주택 200만 호가 공급되자 폭등했던 주택가격이 하락했다. 200만 호는 모두 신도시에 있었다. 지금 공급 부족을 주장하는 사람들이 많다. 그런데 과거 공급 부족을 잡았던 것은 신도시였다는 사실, 그리고 그것은 거주 가능 지역에 토지가 추가 공급된 효과와 같았기 때문이었음을 기억해야 한다. 역사적으로 공급은 늘 신도시에서 해왔으며, 2020년대에는 수도권 30만 호 공급을 책임질 신도시와 함께 2010년대 동안 제대로 기능하지 못한 2기 신도시조차도 철도교통망 연결로 인해 추가적인 신도시 공급 효과를 불러올 것이다. 따라서 이런 정책 효과가 현실화하는 2020년대 초중반부터 주택가격은 상당히 안정적으로 변할 수 있다는 사실을 염두에 두기 바란다.

실수요자 대응방안 1

실수요자만
매수하라

부동산 정책이 20여 회 가깝게 발표되는 동안 실수요자에 대한 배려는 상대적으로 뒤처질 수밖에 없었다. 시장이 투기적으로 변하면서 소위 투기와의 전쟁을 하는 통에 잠재적 실수요자들은 투명인간처럼 잊힌 것도 사실이다. 현 정부의 전반부는 투기와의 전쟁으로 요약할 수 있다. 물론 12.13 임대등록 활성화로 정부가 상황을 더 어렵게 만든 것도 사실이다.

그러나 2020년부터 시작하는 현 정부의 후반부는 3기 신도시와 광역교통망 확충을 통한 수도권 메갈로폴리스의 등장으로 요약할 수 있다. 또 서울만이 수도권의 주인공이 아니라, 수도권 전체 광역교통 중심지역마다 업무시설, 판매시설 및 복합시설이 건설되고, 주거지 역시 3기 신도시 및 1·2기 신도시 지역들이 연결되면서 양

질의 주거지역이 대거 건설된다. 바야흐로 공급의 시대 초입이다.

이런 국면에서 실수요자에게 할 수 있는 최선의 조언은, 주택을 매수하고 그 집에 거주할 생각이라면 거대한 수도권 내에서 자금의 여력이 되는 수준에서는 적극적으로 구입하라는 것이다. 앞으로는 실수요자만 매수가 가능한 시장으로 변할 가능성이 더 큰 만큼 구매에 유리한 기간이 찾아온다고 할 수 있다.

종전에 정부는 유주택 세대를 크게 다주택 가구와 1주택 가구로 구분해서 시장을 보았다. 다주택 가구에게는 규제 반-혜택 반 정도를 주었고, 1주택 가구의 경우에는 사실상 모든 가구를 실수요자로 보고 최대한의 혜택을 부여해왔다. 그러나 12.16대책 이후 1주택 가구도 구분해서 1주택 실거주 가구와 1주택 갭투자 가구를 구분해서 바라본다. 심지어 1주택 실거주 가구라 하더라도 그 주택에 2년만 산 가구와 10년을 산 가구, 1년도 살지 않은 가구를 모두 구분해서 서로 다른 세금을 내도록 개정할 정도로 실수요가 이름값을 하게 했다.

여전히 한국에는 부동산 실수요자가 받을 수 있는 혜택이 너무도 많다. 과거에는 투자자와 실수요자 구분 없이 혜택을 받았으나 앞으로는 실수요자만 받을 수 있다는 점에서, 실수요자들은 투기수요가 빠져나가는 기간에 전향적 자세로 매수에 나설 필요가 있다.

반면, 현시점에서 다주택자가 되려는 생각으로 추가로 집을 사려는 행위, 또는 무늬만 실수요자인 1주택 갭투자, 혹은 1주택 실거주라고 하더라도 자금조달계획서상 무리하게 자금 조달을 수반하거나, 편법적 자금 조달을 활용한 매수 등은 모두 지양해야 한다. 이들에게 갈 혜택은 없거나, 앞으로는 부담이 더욱 드리워질 것이기 때문이다.

'실수요자'가 아닌 경우에는 예외 없이 규제가 강화될 것으로 보인다. 반면, 1주택 실수요자들에게는 규제의 구름이 밀려오지 않는다. 따라서 1주택 실수요자는 집을 장만할 생각이 있고 구매력을 확보한 상태라면 주택 구입에 적극적으로 나서야 한다. 당연히 자금 조달 수준의 허용 범위를 준수하라는 말도 덧붙이고 싶다. 주거비용은 총소득의 20% 이내에서 관리하는 것이 적절하다.

1주택 실수요자라면 매수하라. 만약 매수 대상 아파트가 현시점에서 '15억 원을 초과하는 초고가 주택'인지, '9억 원을 초과하는 고가 주택'인지, 아니면 '9억 원 이하 주택'인지를 구분해서 접근할 수도 있다. 하지만 1주택 실수요자들은 이런 식으로 나눠서 접근하기보다 자신이 주택을 구입하려는 목적에 따라 구입하기를 바란다.

---

*메갈로폴리스: 거대 도시, 메트로폴리스(metropolis)가 띠 모양으로 연결된 거대한 도시 집중지대.

실수요자 대응방안 2

13평과 25평 같은 소형 평형에 주목하라

어떤 대책이 발표되든 시장에서는 '풍선효과'를 기대하는 투자자들이 존재한다. 풍선의 한쪽을 누르면 다른 쪽이 불룩 튀어나오는 것처럼 어떤 부분에서 문제를 해결하면 또 다른 부분에서 새로운 문제가 발생하는 현상을 풍선효과라고 부른다.

예를 들어 12.16대책의 경우, 9억 원을 초과하는 주택에 대해서 1주택 갭투자가 어려워지자, 반대로 9억 원 이하의 주택에는 상대적인 수혜가 있지는 않을까 생각하면서 9억 원 이하의 풍선효과를 기대하는 식이다. 또 8.2대책에서 재초환이 부활하자, 반대급부로 재초환 적용을 받지 않는 재개발로 투자처를 돌리는 투자자들도 상당히 발생했다. 이런 식으로 정책은 대응을 낳고 시장은 풍선효과에 가장 먼저 집중하는 경향이 있다.

그러나 중요한 점은 이것은 실수요자들이 가져야 할 자세나 전략과는 거리가 있다는 것이다. 파도를 타기 전에 밀물인지 썰물인지 물때를 아는 것이 중요하듯이 실수요자일수록 장기간 감내할 수 있는 전략을 수립하고 접근하는 것이 필요하다.

주택 시장 패러다임의 변화를 읽어라

우선 주택 시장의 패러다임 변화를 파악해 적절히 투자하는 방법이 있다. 패러다임의 종류에는 여러 가지가 있을 수 있다. 그중 하나인 주거 면적으로 패러다임 변화를 살펴보자.

12.16대책이 제시한 고가 주택 9억 원, 초고가 주택 15억 원 기준과 이에 파생되는 다양한 금융 규제가 장기간 유지된다면 시장 활성화를 위해서 많은 건설사나 시행사들은 아마도 과거에는 보기 힘들었던 신종 평형들을 개발할 것이라고 확신한다. 부동산은 금융 없이는 존재할 수 없기 때문에 9억 원과 15억 원이라는 기준에 맞춰서 다양한 평형대가 나올 것이다. 13평, 18평, 21평, 29평 등과 같은 아파트 평형들이다. 지난 10년간 25평과 34평이라는 양대 평형이 주를 이루면서 나오기 힘들었던 구조다.

여기서 끝이 아니다. 주거 면적은 사실 주거의 질과 밀접한 관련이 있다. 주요 OECD 국가의 1인당 평균 주거 면적은 $42m^2$(약 13평)

수준에 육박한다. 반면 한국은 1인당 주거 면적이 33㎡인 10평 수준이라 면적 기준으로 보면 주거의 질이 굉장히 낮은 편이다. 서울시의 경우 1인당 주거 면적은 약 30㎡로 국내 평균보다도 10% 적은 9평 정도이고, OECD 기준 대비해서는 30% 정도 좁다.

사는 집이 좁다고 느끼는 것은 청소나 정리정돈 때문이 아니라 실제로 좁기 때문이라는 사실을 나는 어디를 가든 강조하곤 한다. 좁은 집에 사니까 좁은 거지, 어디 청소가 문제겠는가. 그 때문에 국내 주택 시장이 양의 시대에서 질의 시대로 변화해간다면, 즉 2020년대가 된다면 그때는 주택의 질적 측면에서 면적이 1순위로 주목받는 시대가 오리라 예상한다. 면적과 층고 등 부동산의 부피(볼륨)가 차별적 주택 수요의 원천 중 하나가 될 것이라는 생각을 오랜 기간 해왔다. 물론 이는 개인적인 생각일 뿐이다. 데이터나 근거가 있는 것은 아니지만 이 생각을 토대로 앞으로 인기를 끌 만한 평형대를 전망해볼 수 있다.

또한 1인 가구, 2인 가구, 3인 가구, 4인 가구 등 가구 구성원으로 분석하면 우리나라에 앞으로 필요한 면적의 주거 유형을 생각해볼 수 있다. 그리고 어디에서 수요공급의 불일치가 존재할지도 알 수 있다.

2018년 기준 1인 가구 비중이 전체 29.3%를 차지하고 계속해서 급증하는 상황에서 앞으로 가장 많이 필요해질 평수는 13~15

평, 최대 18평 수준의 1인 가구 거주용 공동주택(아파트) 단지다. 국내 많은 아파트 단지들에는 이러한 평형이 대세를 이루는 단지가 없으나 앞으로는 생길 것이다. 그리고 이런 변화는 의외로 9억 원, 15억 원 기준이 장기화하면 할수록 더욱 빠르게 일어날 수 있다. 공동주택 단지라는 명칭은 단순히 오피스텔과 같은 형태만이 아니라 커뮤니티 시설 등이 있어 단지 내 활동이 가능한 소형 평형이 공급된 주거시설을 지칭한다. 특정 단지를 홍보할 이유는 없지만, 여의도의 MBC 부지를 개발하는 여의도 브라이튼과 같은 단지들이 앞으로 많아지리라 전망한다. 1인 가구의 수요를 흡수할 수 있고 동시에 아파트와 같은 단지 생활이 가능한 소형 주거가 미래에 주목받을 형태 중 하나다. 특히 수요공급의 미스매치가 가장 심한 대상이기도 하다.

2인 가구에 대한 수요는 현 전용면적 59㎡인 25평형대 아파트가 사실상 완벽하게 커버할 수 있다. 25평 아파트는 방 3개 이상의 기능성 공간을 제공하며, 2인 가구에 최적화된 공간으로 변하고 있다. 아마도 미래의 순수 2인 가구를 위해서는 방이 3개가 아니라 방마다 화장실, 드레스룸 등이 포함된 두 개의 방으로 구성된 평면들이 다수 나올지도 모른다.

3인 가구에 대한 수요 부분은 다소 조심스러운데, 현재의 34평형은 의외로 3인 가구에 대응하는 데 부족한 면이 없지 않다. 1인당 평균 주거 면적이 10~11평이라고 본다면 34평으로 충분하지만,

13~14평 수준으로 본다면 전용면적 85㎡인 34평은 좁다. 오히려 39~42평형대의 평면이 3인 가구에게 적절한 면적으로 변해갈 것이다. 현재의 34평은 국민주택이라는 기준 때문에 표준평면이 됐을 뿐이다. 이제 이 면적이 표준이 될 이유가 전혀 없다. 시대가 달라졌기 때문이다.

문재인 대통령이나 김현미 국토부 장관이 2019년 언론과의 기자회견이나 신년사 등에서 밝힌 '1인 가구 중심'의 주거 공급 이슈만 보더라도 이제 표준주택의 공급에 집중하기보다는, 다양한 수요에 맞는 주택 공급이 적절하게 이뤄지고 있는지를 주택 수요공급의 핵심으로 본다는 것을 알 수 있다.

현 34평형은 2인이 살기에는 과도하게 넓으며, 3인이 살기에는 좁다. 그러므로 25평형과 34평형의 가격 격차는 점차 좁혀질 것으로 보인다. 0.5인은 숫자로만 가능할 뿐, 실제 사람은 2명이나 3명으로 존재할 수밖에 없으니까 말이다. 2명은 25평에 만족하고, 3명은 40평으로 간다면 34평형대의 미래는 가운데 낀 샌드위치 신세가 된다.

실수요자 대응방안 3

무엇보다 중요한 건 청약

주택가격이 떨어지면 무주택자들에게 유리할까? 정책 우위의 시간과 시장 우위의 시간 속에서 무주택자들은 중심을 잡지 못하고 흔들리거나 어떤 한 방향으로의 생각에 사로잡혀 큰 기회를 날리기 쉽다.

2019년 말, 9.13체제에서는 '1주택 갭투자'라는 새로운 수요층이 만들어졌고, 이들이 시장을 주도했다고 볼 수 있다. 그러나 12.16체제에서는 1주택 갭투자 역시 상당한 제약이 생길 수밖에 없으며, 섣부른 매수는 큰 위험이 될 수 있는 환경이 됐다. 이런 국면에서 무주택자는 어떻게 하는 것이 좋을까? 일단 각자의 형편과 여건에 맞게 적당한 주택을 구입하는 것이다. 가장 추천하는 주택 구입 전략은 '청약'이다.

아직 청약통장에 가입하지 않았다면 당장 청약통장에 가입부터 하자. 그리고 청약제도에 대해서 제대로 공부하는 것, 그것이 주택 구입의 첫걸음이다.

어느 아파트에 청약통장을 사용할 수 있을까?

"분당에 거주하는데 과천에 청약할 수 있을까요?"

이런 질문을 사실 많이 받는다. 그런데 면적 66만㎡ 이상의 대규모 택지개발지구에 분양하는 주택의 경우 해당 시·도와 수도권에서 각각 50%를 뽑는다.

2019년 말 가장 인기 있던 단지 중 하나인 북위례 신도시를 보자. 이곳은 서울시의 택지개발지구인데, 이 경우에도 서울에서 50%, 수도권에서 50%를 청약으로 모집했다. 비슷하게 과천 지식정보타운의 경우 아직 입주자 모집공고를 하지 않은 지역인데, 과천시 신도시이자 경기도이므로 청약 모집은 과천시 거주자 30%, 경기도 거주자 20%, 수도권 거주자 50%로 입주자를 모집한다. 이처럼 본인이 서울에 살든 경기도에 살든 대부분 수도권 택지개발지구에 청약할 수 있다.

수도권에 산다면 앞으로 3기 신도시를 포함한 대규모 택지개발지구의 일반 분양에 사실상 모두 청약할 수 있는 자격이 생긴다는 것부터 유념하자. 아울러 해당 지역[주택이 공급되는 시(市)] 모집에서 1순위 자격(가령 과천 신도시의 20% 비중)을 확보하기 위해서는 해당 지역에서 1년만 거주하면 되었는데 이제 2년을 거주해야 가능하도록 12.16대책에서 강화됐다. 이 제도는 2020년 2월부터 입주자 모집 공고를 하는 신도시에 모두 해당한다. 이처럼 거주 의무 기간을 강화한 것은 특정 수도권 신도시의 청약에 당첨되기 위해서 거주지를 해당 도시로 옮기는 사례가 적지 않았기 때문이다. 이런 움직임들이 특정 시도의 전세가격에 상당한 영향을 미칠 수 있다 보니 2년 거주로 조건을 강화하였다.

수도권 신도시들은 수도권 모든 지역에 청약할 수 있으므로, 무리하게 거주지를 옮기는 수고를 할 필요가 없다. 물론 신도시가 위치한 해당 지역 모집의 경쟁률은 그나마 낮을 것으로 생각된다. 가령, 고양시 거주 중인데 창릉 신도시가 공급되면 지역 1순위로 넣거나, 부천시 거주 중이면서 3기 신도시인 부천 대장지구가 공급될 때 1순위로 청약하는 것 같은 장점은 존재한다. 그렇다고 과도하게 무리해서 이사를 갈 필요까지는 없다.

나는 청약가점이 몇 점일까?

청약통장 가입과 함께 가장 먼저 파악해야 할 것은 본인의 가점이다. 청약은 가점제와 추첨제를 혼용한다. 그런데 투기과열지역(서울·과천·분당·세종·광명)을 포함한 지역과 대규모 택지개발 신도시(3기 신도시 및 공공택지)에서 공급하는 국민주택인 전용면적 85㎡ 미만의 경우, 청약가점제 방식이 100%가 되도록 일반 분양으로 모집하고 있다. 가점 100%다. 다만, 청약조정지역에서 85㎡ 미만은 가점 비중이 75%이다. 이 때문에 본인의 청약 가점이 몇 점인지에 대한 계산은 필수다.

위에 언급한 지역이 아닌 경우에는, 시-군-구청장이 가점 비중 40% 이내에서 별도로 정하게 되어 추첨의 비중이 더욱 높다.

추첨제는 사실상 전략이라기보다는 운에 가깝다. 다만, 행운도 도전하는 사람에게 주어지므로 추첨제도 최대한 적극적으로 잡으라고 권하고 싶다.

이외에 신혼부부나 노부부 공양, 다자녀 등 다양한 특별 공급도 존재하므로, 본인이 어떤 자격인지 알기 위해 청약과 관련한 정보를 공부해야 한다.

아파트 분양할 때 입주자 모집공고가 모든 것의 시작과 마찬가지다. 입주자 모집공고 날짜 기준으로 무주택 기준 및 청약통장의 납입 횟수나 예치금 등을 따진다. 아울러 입주자 공고 5일 이전에 모델하우스(견본주택)가 공개된다. 입주자 공고일에는 특별 공급, 일반 분양 모집 대상의 구성 비율이 나온다. 평형별, 가격대별 및 분양대금의 납부 일정, 청약 신청일 등 거의 모든 내용이 나온다. 입주자 모집공고 내용은 구글 검색을 통해서 찾을 수 있으니 반드시 모집공고문 원본을 검색해서 찾아본다. 깨알 같은 글씨로 되어 있지만, 그 깨알 같은 글씨를 잘 읽고 이를 정리하다 보면 청약시장에 대해서 잘 알게 된다.

재건축·재개발 등 분양을 기다리는 실수요자라면

신도시가 아니라 서울 등 투기과열지역 내 재건축·재개발 등의 분양을 기다리는 실수요자들은 어떻게 해야 할까? 2020년 4월 말 이전까지는 분양가상한제가 적용되지 않지만 주택도시보증공사의 '고분양가 심사기준'이 존재한다. 이 기준 역시 상당히 까다로운 기준이고 분양가격을 낮추는 데 기여하고 있다. 그러나 4월 이후부터는 서울 13개 구 전역과 서울시 5개 구의 몇 개 동, 경기도 3개 시(광명·하남·과천)의 일부 동이 분양가상한제 대상이 되면서 분양가격이 일정한 기준에 따라 자동으로 결정된다.

분양가상한제는 2007년 4월에 전국적으로 적용되어 8년간 이어지다가 2015년 4월 해제되고 자율화됐다. 이것이 다시 2020년 4월에 시행되는 것이니만큼 이 제도는 예상보다 오래갈 수 있다. 이는 청약 대기자들에게는 상당한 기대이익이 발생한다는 것을 의미한다. 차익이 과도하게 커진다면 아마도 채권 입찰제 등을 통해서 당

청약가점제 점수 산정 기준표

가점 항목	가점	가점 구분	점수	가점 구분	점수
① 무주택 기간	32	1년 미만(무주택자에 한함)	2	8년 이상 9년 미만	18
		1년 이상 2년 미만	4	9년 이상 10년 미만	20
		2년 이상 3년 미만	6	10년 이상 11년 미만	22
		3년 이상 4년 미만	8	11년 이상 12년 미만	24
		4년 이상 5년 미만	10	12년 이상 13년 미만	26
		5년 이상 6년 미만	12	13년 이상 14년 미만	28
		6년 이상 7년 미만	14	14년 이상 15년 미만	30
		7년 이상 8년 미만	16	15년 이상	32
② 부양가족 수	35	0(가입자 본인)	5	4명	25
		1명	10	5명	30
		2명	15	6명 이상	35
		3명	20		
③ 청약통장 가입기간	17	6개월 미만	1	8년 이상 9년 미만	10
		6개월 이상 1년 미만	2	9년 이상 10년 미만	11
		1년 이상 2년 미만	3	10년 이상 11년 미만	12
		2년 이상 3년 미만	4	11년 이상 12년 미만	13
		3년 이상 4년 미만	5	12년 이상 13년 미만	14
		4년 이상 5년 미만	6	13년 이상 14년 미만	15
		5년 이상 6년 미만	7	14년 이상 15년 미만	16
		6년 이상 7년 미만	8	15년 이상	17
		7년 이상 8년 미만	9		
본인 청약가점 점수 = ① + ② + ③ =				점	

첨 시 기대이익을 회수할 가능성도 없지는 않다. 현재는 분양가상한제 적용 주택 당첨 시 10년간 재당첨 금지와 8년 이상 전매제한을 적용하여 이익을 현실화하기 어렵게 만들어놓았다. 그렇다 해도 청약은 대단히 유리한 주택 구입 전략이다.

실수요자 대응방안 4

기존 주택을 살 때 고려할 점

주택 구입을 고려하는 실수요자가 가장 먼저 생각하는 방법은 대출을 받아 주택을 구입하는 것이다. 아마도 청약에 당첨되는 것은 멀어 보이고, 분양권·입주권을 매수하는 것은 더 어려워 보일 것이다. 가장 편한 것이 눈에 보이는 실물인 기존 주택을 매수하는 것이 아닐까? 그 때문에 기존 주택을 구매하는 것 역시 실수요자가 취하는 중요한 선택지 중 하나다. 그러나 무주택 가구일수록 주택 구입을 통해 돈을 벌겠다는 생각보다는 실수요자인 만큼 주거 문제를 해결(출퇴근, 보육, 교육, 부모나 친인척 인접, 주거의 질 등)하는 측면에서 접근하는 것이 우선이다.

현재 무주택 가구라면 주택을 구입하는 일이 절대 쉽지 않다는 것을 나도 잘 안다. 언론에서 떠드는 몇억 원씩 하는 주택가격들이 꿈같은 금액으로 느껴지는 집들이 우리나라 전체 가구의 60% 이상일 것이다. 전체 가구의 자산규모 통계에서 순자산 3억 원 이하의 비중이 전체 2천만 가구 중 64%이기 때문이다.

그렇다 해도 주택 구입이 필요하다면 대출을 적절히 활용하고, 금융기관으로부터 최선의 서비스를 받는 데 주저하지 말아야 한다. 다만 자신이 가용할 수 있는 금액대를 초과하는 수준에서 주택을 구입하기보다는 원리금 상환이 총소득의 20% 이내를 차지하는 범위 안에서 자금을 조달하고 주택을 구입하길 바란다.

대출은 소득 대비 20% 이내로

우리나라는 대출을 받으려는 사람의 소득 대비 전체 금융부채의 원리금 상환액 비율인 DSR을 40%로 잡는다. 이는 총소득 중 40%에 해당하는 금액만이 전체 대출의 원리금 상환액이어야 한다는 의미다. 금융기관의 기준인 DSR 40%는 사실 상당히 높은 수준이다. 소득이 세후 5천만 원이라면 5천만 원 중 2천만 원을 원리금 상환에만 사용하는 것이며, 이는 환산 시 총 6억 원 정도의 대출 총계를 갖는 상태가 된다. 연 소득 5천만 원으로 6억 원의 부채를 어떻게 상환할 수 있을까?

그 때문에 현 금융기관 기준은 DSR 40%지만 이는 상식을 넘어서는 높은 기준이다. 오히려 세계적으로는 주거 비용이 소득에서 차지하는 비중이 20%가 안 되는 상황이므로, 실질적으로 자신의 소득에서 약 '20% 이내' 수준의 원리금 부담 정도가 감당 가능한 대출이다. 그 이상의 대출은 사실상 갚기 어렵다.

가령, 소득이 세후 5천만 원이라면 DSR 20%는 원리금 상환액이 약 1천만 원 수준이다. 3% 초반의 이자율로 본다면 대출 총계(주택담보대출 + 신용대출)가 3억 원 정도가 되도록 대출받는 것이 적절하다는 의미다.

부부 합산 소득이 세후 8천만 원이라면 20%인 1,600만 원, 즉 3% 초반으로 나눌 시 대출 총계가 약 5억 원 정도가 적절하고, 원리금 상환이 있을 시에는 이보다 더 낮은 수준인 약 4억 원 정도의 금액이 적정하다.

대출의 유혹은 달콤하다. 대출은 자기 자본 없이도 더 큰 자산의 부동산을 살 수 있게 해주고, 그 부동산의 가격이 상승할 때는 모든 게 꿈만 같다. 그러나 현금흐름에 문제가 생길 때 대출은 '빚'이라는 이름으로 변하며, 빚은 당신의 사정을 봐주지 않는다. 신용과 빚은 종이 한 장 차이이고 빛과 그림자와 같은 존재다. 늘 감당 가능한 수준에서 대출을 일으키도록 하고, 받더라도 금액이 중요한 것이 아니라 자신의 소득 대비 상환 규모를 최대 20%, 즉 모든 대출을 포함해서 DSR 20%를 기준으로 삼는 것이 가장 좋다.

GTX 주변 신도시를 눈여겨보라

자본이 마련되었다면 이제 어떤 집을 사야 하는지가 고민이다. 매수 후보지로 '주거환경의 변화'를 예상할 수 있는 지역을 선택해보자. 이미 주거환경이 충분히 좋아서 더 나아지기 어려운 곳보다는 앞으로 좋아질 가능성이 큰 곳에서 주택을 매수하는 것이 수익률 관점에서 좋은 전략일 수 있다. 그런 맥락에서 2020년대에 중요해질 3기 신도시 또는 1·2기 신도시 중에서 광역교통망 연결을 통해 특별·광역시로의 통근통학의 편의성이 높아지는 교통정책 수혜지역은 실수요자라면 적극적으로 매수를 검토해볼 만하다.

특히 GTX(수도권광역급행철도)는 수도권의 부동산 지형도를 바꿔놓을 만한 교통수단이다. 수도권에 토지를 공급하는 효과가 있다고 할 수 있을 정도로 공급 효과를 몰고 올 것으로 기대된다. GTX 역 주변으로 개발되는 신도시 사업들에 관심을 두고 찾아보기를 권해본다.

원래 공부도 시험을 준비하는 사람들이 더 많이 하듯, 아마도 무주택자들이 가장 부동산 시장의 정보를 얻는 데 열심일 것이다. 주택 시장이 왜 상승하고 왜 하락하는지 등에 대해서 누구보다도 공부를 많이 할 텐데, 지난 10년 동안의 정책과 시장의 흐름을 충분히 설명한 이 책을 토대로 자신만의 전략을 잘 수립하길 바란다.

아울러 정책 우위가 영원할 수도 없고, 시장 우위가 영원할 수도 없다는 데서 시사점을 얻었으면 한다. 정책 우위와 시장 우위는 우리가 이용해야 할 대상이다. 정책이나 시장에 대해서 한탄이나 원망, 비판만 하고 행동하지 않는 것이 가장 어리석다. 정책과 시장을 잘 이용할 줄 알고, 그 위에서 노련한 기수가 되도록 하자. 그게 실수요자가 나아갈 길이다.

유주택자 생존전략 1

헨리 조지가 전하는 말,
1주택자가 되라

2017년 11월, 민주당의 추미애 당 대표가 미국의 경제학자 헨리 조지(Henry Georgy, 1839~1897)의 말을 인용한 바 있다. 그는 그해 9월 4일 국회 연설에서 헨리 조지를 언급했고, 이후 국회에서 열린 '헨리 조지와 지대개혁 토론회'에서도 다시 인용했다.

"지금도 깜짝 놀라는 것은 100년도 전에 헨리 조지는 책 『진보와 빈곤』에서 우리가 지대 추구를 방치하면 언젠가 땅 주인이 숭배받는 세상이 온다고 예언했다는 사실이다. 우리 사회가 지금 건물주, 땅 주인을 숭배한다. 마음속으로 부러운 거다. 그런 방식으로 노후가 보장되면 노후 복지를 국가 제도로 만들어야 한다는 명제에 별 관심이 없어진다. 문제를 시스템이 아닌 개인적으로 풀게 되면 우리가 뭐하러 정치를 하는가. 저는 헨리 조지의 예언을 보고 많이 반성했다."

헨리 조지는 참여정부 시절부터 인연이 깊은 인물이다. 노무현 정부 시절 이정우 청와대 정책기획위원장이 헨리 조지를 추종했다고 알려졌다. 왜냐면 그가 『진보와 빈곤』의 번역자이기도 하기 때문이다. 또 문재인 정부의 왕수석이라 불린 김수현 등이 주도한 종합부동산세 도입에도 헨리 조지의 영향이 있었다는 분석이 많았다.

부동산 시장에서 헨리 조지는 반드시 알아둬야 할 인물이다. 나 역시 늘 세 명을 알아야 한다고 꼽는데 그중 한 명이 헨리 조지이고, 두 번째 인물이 제인 제이콥스(『미국 대도시의 죽음과 삶』 저자)이고, 마지막이 현대 건축의 아버지인 르 코르뷔지에다.

헨리 조지의 주장에는 현시점에도 돌이켜봐야 할 부분이 많이 담겨 있다. 특히 토지 소유주가 직접 토지 가치를 올리기 위해 어떤 노력을 하여 돈을 버는 것이 아니라 자연스러운 토지가격 상승과 임대료 상승을 통해 벌고 있다면, 이 부분은 불로소득이기 때문에 100% 과세를 해야 한다는 주장이 그렇다. 가령, 남양주 왕숙지구의 토지를 보유하던 소유주가 아무런 노력도 하지 않았으나 왕숙지구가 3기 신도시로 결정되면서 지대가 오른다면 그에게 그 지대 상승분, 즉 시세차익 전부에 대해서 100% 과세를 하는 것이 옳다는 주장이다. 아무런 노력을 한 게 없기 때문이다.

헨리 조지의 원칙이 우리 곁에 와 있다

　서울시의 부동산에서도 마찬가지다. 서울시 부동산 가격의 상승이 해당 토지주들의 노력이 아니라 한국의 경제발전과 인구의 서울 집중 현상 등에 따른 것이라면, 혹은 지속적 토지 공급이 어려워지면서 생긴 구조적 현상이라면, 그 결과로 인한 지대 상승은 시민 개개인이 노력한 결과가 아닌 만큼 상승분 100%에 대해서 과세를 해야 한다는 것이 헨리 조지 식 주장이다. 구체적 사례로는 GTX 삼성역이 신설되어 강남권역의 주택가격이 오른다면, 이 혜택을 강남권 아파트 소유주들이 가져가는 것을 무임승차로 보는 시각, 바로 이것이 헨리 조지 식 시각이다. 강남 아파트 거주자는 GTX와 관련해서 아무것도 하지 않았기 때문이다. 그런데도 수혜가 강남권으로 가는 것을 꼬집는다.

　헨리 조지 식 접근은 사회주의적 관점이 아니라 오히려 개념상으로는 그 무엇보다도 합리적인 시각이다. 노력에 따른 보상은 온전히 인정해주고 과세를 0%로 하되, 노력이 수반되지 않은 가격 상승에 대해서는 100% 과세하자는 것보다 이상적이고 합리적인 주장이 있을까. 그러나 안타깝게도 토지가격 상승에 대한 불로소득을 계산하여 100% 과세하는 것은 말 그대로 이상적인 조건하에서만 존재할 수 있는 개념이다. 이데아 속에서나 가능한 제도가 아닐까 싶다.

그런 헨리 조지의 시각이 2017년에 여당 주요 인사들로부터 부활했다. 이후 나오는 부동산 정책들에는 상당한 '지대 추구 회수'의 헨리 조지 식 원리가 녹아 있다는 점을 이 책을 통해 꼭 전달하고 싶다. 즉, '지대 추구 행위를 통한 수익은 회수한다'라는 원칙의 등장이다.

'부동산 이익의 회수'라는 개념이 적용된 정책은 다주택자들을 대상으로 먼저 시행되고 있다. 다주택자이면서 주택가격이 올랐다면 상승분을 100이라고 할 때 양도소득세를 최대 68.2%가 되도록 걷는다. 이익의 68%를 정부가 회수한다는 의미다. 헨리 조지의 주장처럼 100% 과세는 아니더라도, 그 어떤 세율보다도 높은 수준이다. 개인은 32%만 세후 이익을 얻을 수 있다는 말이다.

만약 다주택자가 팔지 않고 버틴다면, 보유세를 시세의 1% 이상 수준으로 높여서 생애주기 전 기간에 걸쳐 초과이익을 회수한다. 보유세율이 경제성장률보다 높다면 자연스럽게 해당 자산은 원본 잠식이 일어나기 때문이다. 그러니 보유를 통해 회수하든, 매각 시 양도소득세를 통해 회수하든, 지대 추구에 대한 과세 방침은 확고하다고 봐야 한다.

헨리 조지의 주장은 한국에서 변형되어, 열심히 일한 토지주마저도 지대 추구 대상으로 보고, 이익을 회수하는 원칙이 적용 중이다. 먼저, 2014년의 9.1체제를 통해서 재건축 이익이 커질 것을 우려하여 2017년에 초과이익환수제를 부활(8.2대책)하였고, 고분양가 심사 기준이 2019년에 생겼으며, 급기야 분양가상한제 적용 및 확대(12.16대책)가 확정됐다.

분양가상한제에 따르면 일반 분양가격도 조합원 분양가격과 같고, 이 경우 그 조합사업의 손익은 0이 된다. 즉, 분양가상한제는 사실상 '개발이익을 100% 회수'하는 것과 마찬가지인 셈이다. 개발이익이 없어서 시세차익이라도 기대하려고 일대일 재건축을 추진한다면 초과이익환수제가 기다리고 있다. 재초환상에서는 초과 시세 상승분의 최대 50%가 회수된다.

이러한 과세 대상 확대와 이익 회수의 원칙들은 다양한 정부 정책들을 통해서 등장했다. 상대적으로 안전했던 1주택자들도 마찬가지다. 그간 1주택자들은 9억 원 비과세와 장특공제라는 전무후무한 공제를 통해서 소득에 대해서 비과세를 받아왔다. 그러나 12.16체제는 이를 용납하지 않는다. 1주택자라 하더라도 비거주와 거주를 따지고, 무늬만 1주택자인 사람들을 구분해내도록 제도가 정비되었고, 소유와 거주도 분리해서 과세 체제가 마련됐다.

즉, 이미 헨리 조지의 원칙은 어느샌가 우리 곁에 와 있다. 그리고 이 지점에 시사점이 크다고 할 것이다. 즉, 지금의 정책들이 단순히 부동산 가격의 인위적 하락을 유도하기보다는 가격 상승에 대한 시세차익을 회수하는 데 중점을 두고 있다면, 정책에 대응하는 자세 역시 달라져야 한다는 점이다.

진정한 1주택 실수요자가 되라

　유주택자가 부동산을 매수함으로써 얻을 수 있는 투자수익은 세금을 다 내고 남은 금액인 '세후 수익'의 개념이어야 한다. 평가이익이 아니다. 의외로 다수의 다주택자가 2010년대의 상승장에 주택을 여러 채 매수하고 평가이익만으로 부자가 된 듯한 착각 속에 살고 있다. 부동산 수익은 이를 현실화시킨 세후 수익으로 따져봐야 한다. 정부의 존재를 무시한 평가이익으로 계산되어서는 안 된다. 아울러 그 평가이익이 커질 것이라는 사회적 분위기가 강해질수록 그 이익을 회수하기 위한 헨리 조지 식 대책 역시 강한 강도로 조여 올 수 있다는 점을 명심하자.

　요컨대 모든 유주택자를 위한 가장 훌륭한 조언은 결국은 1주택자, 그중에서도 소유와 거주를 동시에 하고 10년 이상 거주하는 진정한 1주택 실수요자가 되라는 것이다. 1주택 이상이라면 나머지 다른 주택을 팔아서라도 말이다.

유주택자 생존전략 2

부동산 투자 지형도가 달라지고 있다

 2010년대의 시작은 하우스푸어였으나, 2010년대의 마지막인 2019년은 1주택 갭투자 사이클로 끝나면서 지난 10년의 부동산 시장이 일단락되었다. 그러나 시장은 앞으로도 계속되므로 2020년대에도 다양한 변수들과 그에 따른 정책들, 그로 인한 새로운 변곡점들이 지속해서 발생할 것이다. 2주택 이상을 보유한 다주택자는 향후 부동산 시장에 어떻게 대응해야 좋을지, 간단한 가이드라인을 제시해보고자 한다. 특히 9억 원 초과의 고가 주택을 2채 이상 보유한 다주택자부터 먼저 정리해보자.
 고가 2주택 이상의 다주택자가 가장 먼저 12.16체제로 시작할 2020년도에 해야 할 일은 보유세를 낮추는 것이다. 12.16대책의 종부세는 2020년도부터 실효세율 1% 시대를 열었다. 이는 9.13

대책보다도 더 높은 수준이다. 또 2주택자의 보유세 상한선 역시 200%가 아닌 300%로 규정하면서 종부세는 최대 4.7배만큼 오를 수 있는 구조라 소위 천장이 열려 있는 상태다. 이런 변화는 2019년에 약 900만 원의 종부세를 냈다가, 2020년에는 갑자기 4천만 원을 낼 수도 있다는 의미다. 이미 12월 17일의 공시가격 인상 가이드라인에 따라서 공시가격의 예상치가 어느 정도는 추정이 되는 만큼, 미리 계산을 해보는 것을 추천한다. 택스몬(www.taxmon.co.kr 또는 앱), 셀리몬(www.sellymon.com)과 같은 사이트에서 세금 계산을 미리 해보거나, 혹은 세무사의 도움을 받아서 보유 부담을 낮추는 전략을 수립해야 한다.

보유 부담을 낮추기 위한 증여(자녀 혹은 손자녀)를 고려하거나 10년 이상 보유한 주택이라면 12.16체제에서는 공제와 일반 세율을 보장해주므로 양도 역시 하나의 선택지다. 9.13대책에서는 조정지역 내 매도라면 그 어떤 경우에도 공제가 없으며 중과세율이었기 때문에 주택을 매각하는 흐름이 나타나지 못했다. 그러나 12.16대책에서는 일부이긴 하지만 10년 이상 보유한 다주택자들은 어쨌든 매각이 열려 있다는 측면에서 이런 옵션도 적극 고려해야 할 것이다.

만약 2주택 이상의 다주택자 중에서, 공시가격 6억 원(지방 3억 원) 이하이고 국민주택 규모 이하인 주택을 보유하고 있다면 지금이라도 '장기일반'임대사업자로 등록하는 것도 방법이다. 특히 9.13대책 이전에 공시가격이 6억 원 이하이고 면적도 국민주택 규모 이하인 주택을 매입한 다주택자라면 임대사업자 등록을 적극 추진해야 할 필요성이 있다.

직접투자보다 간접투자로 전환할 때

반대로, 다주택자이긴 하나 비고가 주택 중심의 다주택자라면 어떻게 해야 할까? 이 경우에는 아마도 현재 가장 규제가 적은 다주택자들이 아닐까 싶다. 특히 이런 그룹 중에서는 규제가 없는 비조정지역만을 찾아다니며 전국을 투자처로 삼는 투자자들도 많다. 정부의 정책을 비웃으며, 시장 이기는 정책은 없다고 가장 강하게 믿는 집단을 꼽으라면 바로 이들일 것이다. 그러나 2020년부터 3주택 이상 세대(분양권 포함)가 추가 주택 취득 시 4.6%의 세율로 과세하는 제도가 시행되면서부터 소액 다주택자를 대상으로 하는 규제는 이미 하나둘씩 시행 중에 있다.

과도한 투기 행위에는 반드시 정부 대책의 칼날이 기다리는 것이 부동산 시장의 생리이므로 너무 과도한 주택 매수에는 향후 거대한 규제가 나올 수 있다. 이에 유의하면서 본인의 포트폴리오와 투자 철학을 재정립해야 할 시점이다.

다주택자가 매각을 통해 1주택 실수요자가 되면서 똘똘한 한 채만 남긴다면 여유 투자 자금이 생길 것이다. 그때는 부동산 직접투자보다 간접투자를 활용해서 포트폴리오를 짜는 것도 앞으로 주목할 방법 가운데 하나다.

부동산 간접투자의 수단으로 좋은 것은 단연 공모 상장 리츠(REITs)다. 리츠란 'Real Estate Investment Trust'의 약자이고, 한국에서는 원음 그대로 리츠 혹은 부동산투자회사로 부른다. '부동산투자회사'의 의미는 일반적인 회사와 달리, 부동산이 곧 그 회사 자체인 것을 말한다. 리츠에 대해서는 부록을 통해서 아주 자세히 다루도록 하겠다. 특히 유주택자가 추가적으로 부동산을 취득하는 것이 나은지, 리츠를 매수하는 것이 나은지를 취득 시, 보유 시, 양도 시, 임대소득 시 등 전 투자의 생애주기에 걸쳐서 자세하게 비교한 부분을 살펴보면 좋겠다.

리츠는 부동산 직접 투자를 규제하기 때문에 단순히 풍선효과를 기대하는 것이 아니라, 2020년대 한국 부동산 시장에 있어서 패러다임을 변화시키는 대상 중 하나이므로 이를 적극적으로 공부할 필요가 있다. 12.16대책이 펼쳐질 시대에 다주택자라면 절세를 기본으로 하되 실수요 1주택자가 되도록 노력하고, 부동산의 추가 투자는 간접투자를 적극 활용하는 투자전략을 써보는 것은 어떨까?

공모 리츠는 새로운 기회

2019년 10월 말 롯데리츠가 주식 시장에 상장했다. 주식을 신규 상장할 때도 아파트처럼 청약을 하는데, 롯데리츠 상장에는 총 4.7조 원의 개인 청약자금이 몰렸고 청약 경쟁률 역시 63 대 1 수준으로 상당히 높게 나왔다. 아마도 아파트 청약을 해본 사람은 많겠지만, 리츠 청약을 해본 사람은 상당히 적을 것이다. 공모 상장 리츠가 희소했기 때문이다. 그럼에도 그다지 친숙하지도 않은 리츠라는 상품에 대해서 개인들은, 그리고 시장은 곧바로 공부를 시작했고 받아들였다. 급기야 5조 원에 육박하는 자금을 청약시장에 넣을 정도로 말이다.

2019년 11월에 청약시장에서 시사점이 큰 일이 발생했다. 서울 최고의 입지 중 하나로 꼽히는 대치동 구마을 재건축인 '르엘대치' 아파트의 청약이 '당첨 시 10억 로또'라고 불리며 사람들을 대거 끌어모았다. 결과적으로 청약 경쟁률이 평균 212 대 1을 기록하며 2019년 최고 경쟁률의 단지로 등극해 온 언론이 대서특필했다.

르엘대치아파트 청약 결과가 발표되고 며칠이 지났을까. 코스피 시장에 한 리츠가 조용히 청약에 도전했다. 이날 청약에 도전한 NH프라임리츠는 개인 투자자 대상으로는 리츠 공모 역사상 최대인 317 대 1이라는 경쟁률과 7.7조 원이라는 사상 최대 규모의 청약증거금을 끌어모았다. 그전에 상장했던 공모 리츠인 롯데리츠가

63 대 1이라는 경쟁률로 기록을 세운 지 한 달도 안 되어 300 대 1을 넘긴 것이다.

2019년 11월에 발표된 부동산 직접투자인 대치동 아파트와 간접투자인 리츠의 두 가지 청약 경쟁률에는 되새겨봐야 할 의미가 숨어 있다. 소위 '한국에서 가장 인기 있는 지역의 부동산 청약 경쟁률'과 '2019년 세 번째로 청약하는 일반적인 공모 리츠의 청약 경쟁률'을 비교했을 때 공모 리츠 쪽이 더 높았다는 점에서 주목할 필요가 있다.

커피 한 잔 가격으로 큰 빌딩의 주식을 산다

상장(listing)은 주식 시장의 꽃이라 불린다. 상장은 증권거래소에서 매매할 수 있는 품목(종목)으로 지정하는 일이다. 리츠는 상장하여 공모(공개 모집)를 통해서 필요한 자본을 모은다. 많은 신생 기업과 스타트업이 코스닥이나 코스피 상장을 꿈꾸면서 창업을 한다. 그래서 상장은 기업의 성장 과정에서 일종의 커다란 전환점이 되기도 한다. 그리고 일단 상장을 했다면 그 주식은 얼마든지 개인·기관들이 제한 없이 매수매도를 할 수 있게 되므로 상장이란 곧 상당한 유동성을 확보한다는 의미와도 같다. 아마도 아주 특별한 상황을 제외하고 개인들이 주식을 거래할 때 불편함을 느낄 만한 제약은 거의 없을 것이다.

　한국에 리츠가 도입된 지는 약 20여 년 전이니 그 역사는 오래됐다. 그러나 그간 주변에서 리츠에 투자했다는 개인들을 만나본 적은 드물다. 리츠는 전체 230개 리츠 중 95% 이상이 사모(보험회사, 은행, 투자신탁회사 등의 기관투자자나 특정 개인에 대한 개별 접촉을 통해 증권을 매각하는 방식) 시장에서 주로 기관투자자들을 대상으로만 투자금을 모았기 때문이다. 그런데 롯데리츠는 공모 리츠다. 롯데리츠는 일부 기관투자자들만 사고파는 것이 아니라, 얼마든지 개인들이 커피 한 잔 가격으로 해당 주식을 자유롭게 시장에서 거래할 수 있다는 의미다. 스타벅스 아메리카노 가격으로 스타벅스가 입점한 큰 빌딩의 주식을 살 수 있다는 점, 그것이 상장한 공모 리츠가 갖는 커다란 장점이자 매력이다.

　2020년대 우리나라 개인 투자자들이 부동산 시장에 투자할 때 반드시 검토해야 하는 것은 아마도 리츠일 것이다. 리츠는 그 자산의 절대적인 비중이 부동산이고, 주로 현금흐름이 발생하는 빌딩이나 호텔, 유통시설과 같은 상업 시설인 경우가 많다.

　리츠 선진국이라 할 미국에서는 이런 상업 시설 리츠 이외에도, 헬스케어 관련 리츠, 데이터센터 관련 리츠, 5G 통신서비스 관련 리츠, 주택 관련 리츠 등 우리나라에서 보기 힘든 다양한 종류의 리츠가 있다. 리츠 선진국이란 여러 기준이나 의미로 정의될 수 있는데, 아마도 리츠의 종류가 많고 개인들 누구나 손쉽게 투자할 수 있는 시장이 있는 곳이 정답에 가깝다. 이 조건으로 한국을 바라보면 우리는 아직 리츠 분야에서는 신생아 수준이다.

2020년대 리츠는 새로운 투자 대안

2001년에 우리나라에 리츠 관련 법인 부동산투자회사법이 제정되었고, 이후 약 20여 년 동안 리츠는 총 230개 이상 설립되었으니 결코 규모가 작은 것은 아니다. 또 리츠가 편입한 부동산 자산 규모는 2019년 말 기준 약 45조 원에 이른다. 그러나 이런 규모에도 불구하고 리츠 시장이 초라한 것은 그중에 6개의 공모 상장 리츠를 제외한 나머지 리츠 95% 이상이 모두 사모 리츠이기 때문이다. 그동안 국내 리츠는 개인과 가계가 투자할 수 있는 대상이 아니라, 기관투자자들의 전유물이며 폐쇄적이었다.

그러나 2020년대는 우리나라에도 부동산에 직접투자하는 것이 아니라 미국·일본·싱가포르 등 해외 선진국처럼 점차 공모 리츠 중심으로 간접적으로 투자하는 선진화된 시대가 마침내 서서히 찾아올 것이다. 부동산 정책을 설명하는 책에서 리츠를 설명하는 이유가 여기에 있다. 그간 우리나라의 투자자에게 해외 리츠를 소개하고 투자하라는 내용의 책들은 많이 발간됐다. 다만 국내 투자자들에게 해외 리츠란 해외 부동산을 의미하므로 당최 한 번도 보지 못한 건물을 사는 것처럼 현실감이 좀 떨어졌다.

　이제는 우리나라에도 마침내 공모 상장 리츠가 본격적으로 등장하고, 우리가 살아가면서 한국에서 한 번쯤 보았던 부동산들, '아 그 부동산!'이라고 할 만한 유명한 건물들이 리츠가 되는 시대가 온다. 이런 변화들은 여러 가지를 바꿔놓을 것이다.

　2020년은 공모 리츠 활성화를 위한 제도적 장치들이 정비되고, 거시경제 면에서 우리나라에 저금리 기조가 고착화하면서 현금흐름에 대한 투자자들의 요구가 보다 커지고 있다. 이런 맥락에서 리츠는 새로운 투자 대안 중 하나가 될 것이다.

---

*청약증거금: 유상증자나 공모에 참여한 투자자들이 해당 기업 주식을 사기 위해 계약금 형식으로 내는 돈.

———— 에필로그 ————

당신에게
집이란 무엇인가

얼마 전 내 주변 지인 두 사람이 주택을 각각 샀다. 한 명은 강남 모처의 초고가 주택을 구입했다. A씨라고 하자. A씨는 40세 전문직이고 대출은 아예 없으며 8억 원 정도 자기 자본을 가지고 있고 전세로 살고 있었다. 그런데 어느 날 친한 친구들 술자리에서 본인만 빼고 모두 부동산으로 돈을 번 사실을 알고 그는 자존심이 상할 대로 상해 그 길로 주택을 살 결심을 한다.

문제는 사고 싶은 부동산은 반포나 대치에 위치한 초고가 아파트여서 34평인데도 27억 원이 훌쩍 넘었고, 주택담보대출은 투기과열지역인 만큼 LTV 40%인 11억 원만 가능했다. 자기 자본 8억 원이 있으므로 1억 원 이상의 취득에 드는 제반 비용까지 고려하면 대출을 받아도 9억 원 이상이 모자랐다. 그 때문에 그는 자신의 신용대출 3억 원과 아내의 신용대출 2억 원, 그리고 지방에 거주하는 부모 소유의 대출 없는 주택에도 LTV 70%로 대출을 일으켜 4억 원을 더 조달한다. 그렇게 총 20억 원의 대출을 받아서 초고가 주택을 직접 구입하고 거주까지 하는 실수요자가 됐다.

세후 월 약 1,500만 원 되는 고소득을 올리는 그는 그간 대출 없이 전세로 거주하는 상태였기에 주거와 관련해서 실제로 나가는 현금 지출은 없었다. 그런데 27억 원의 주택을 실수요로 구입하면서 11억 원 주택담보대출에 대한 원리금 상환액, 또 부부 합산 5억 원의 신용대출에 대한 이자, 또 대출이 없는 부모의 지방 부동산에 대해서도 4억 원 대출과 원리금 부담까지 모두 합해 연간 9천만 원 이상의 원리금을 상환해야 한다. 어디 그뿐이랴. 2020년부터 종부세 대상자가 되어 보유세까지 합치면 1천만 원 이상을 내야 하니, 주택으로 인한 비용 지출은 연 1억 원이 넘게 됐다.

그가 주택을 매수할 때 자본을 조달한 구조를 보면 DSR로는 이미 적정 수준인 20%를 한참 넘어서고, 전체로는 60% 수준에 이른다. 한마디로 부채의 늪에 빠진 것이다. 그럼에도 주변에서는 그의 주택 취득을 말리는 사람이 없었다. 오히려 매수 후에는 앞으로 강남 지역이 평당 1.5억 원, 2억 원 이상 오를 거라며 떠들어댔다.

그는 집을 산 후 어떻게 달라졌을까. 당연히 부족한 원리금 상환액을 마련하기 위해 주말도 반납한 채 일하고 있다. 1년에 1억 원의 원리금 상환액과 보유세 합산액을 한두 해도 아니고 주택담보대출을 상환하는 20년 넘는 세월 동안 내야 하기 때문이다. 과연 그에게 집은 어떤 의미일까?

여기 또 다른 B의 사례가 있다.

B는 새터민(북한이탈주민)이다. 1990년대 남북 관계 긴장이 높았던 시기에 스무 살의 나이로 탈북했다. 한국에 성공적으로 적응하여 이후 25년 이상을 자본주의 사회에서 생활했다. 탈북한 지 몇 년이 지나 결혼도 하고 자녀도 두 명을 낳았다. 최근 자녀 둘 다 외국의 대학에 보내면서 나름 성공적인 인생의 황혼을 맞이하고 있다. 그는 평생을 주택 없이 살다가 최근 들어서야 실수요자로서 주택 구입에 나섰다.

그가 사용할 수 있는 자본은 모두 합쳐서 1억 8천만 원이었다. 현 금융기관의 대출제도는 서민이고 실수요자라면 투기지역이어도 LTV 50%를 받을 수 있고, 일부 금융기관에서는 60%도 가능하다. 이때는 내가 나서서 주택가격 4억 원 미만이면서 20평형대이고 그의 통근에 유리한 아파트를 서울 안에서 찾는 것을 도왔다. 구로구, 금천구, 성북구, 도봉구를 포함해 여러 군데를 알려주었다. 그런 그가 몇 달 후 직접 탐방을 다니면서 자기의 요구조건에 맞는 단지를 찾아서 원하는 집을 매수했다고 알려왔다. 과연 그에게 집은 어떤 의미일까?

두 사람의 주택 거래를 보고 문득 우리에게 지금 필요한 건 '나에게 집이란 과연 무엇인가'에 대한 진지한 고민이 아닐까 싶었다. 집은 투자 수단이기 전에 생활하는 공간이다. 집이 자신의 주거문제를 해결하고 본인의 재정 상황에 맞는 적절한 규모인지, 아니면 나의 재정 상태에 무리가 되는 부담을 안고서라도 반드시 투자해야 하는 대상인지, 혹은 다른 그 무엇인지를 제대로 생각해볼 필요가 있다. 어느샌가 우리에게 집은 삶을 영위하고 가족과 개인 삶의 행복을 위한 공간으로서 '홈(home)'이 아니라 부동산 투자 수단으로 도구화된 '자산(Asset)'으로 기능하고 있다.

세상엔 수많은 사람이 존재한다. 어차피 각자의 인생은 한 번뿐이며 모든 거래는 자신의 계산과 생각에 따르고, 스스로 책임을 져야 한다. 그래서 다른 이의 주택 거래에 굳이 이러쿵저러쿵 해봐야 돌아오는 반응은 '꼰대'라는 소리밖에 없다. 다만, 요즘처럼 집을 사지 않으면 바보, 혹은 서울에서 돈 못 벌면 'ㅂㅅ'이라는 자극적인 언론 기사가 나갈 정도로 '아파트 = 재테크'라는 인식이 자리 잡은 시대에 집에 대한 자신의 가치관을 제대로 세우지 않으면 중심을 잡고 살기가 쉽지 않다.

집에 대한 사고의 전환이 필요한 때

최근 정부의 고강도 규제에 불만인 사람들이 적지 않다. 특히 실수요 세대들은 대출 규제, 청약 당첨 불가, 5060세대에게 집중되는 로또 청약으로 인한 상실감, 주택을 가진 자와 갖지 않은 자의 자산 격차, 밀레니얼 세대들은 언감생심 도저히 매수를 고려하기도 어려울 만큼 높은 주택가격, 혹은 밀레니얼 세대의 자녀를 둔 부모들의 자녀 자산 걱정 등 부동산은 세상 모든 사람에게 풀어야 할 숙제이자 걱정거리다.

이런 불만에 편승하여 고강도 규제가 반시장적이고, 시장은 자율적으로 놔두면 된다고 생각하는 시장경제 옹호론자들도 있다. 시장이 자본 배분의 효율성 측면에서 정부보다 낫다고 생각하는 것이 일반적이지만, 시장에만 맡겨뒀을 때 과도한 쏠림과 과열이 일어난다는 것 역시 시장이 가진 본질적 문제라는 점도 간과하지 않아야 한다.

특히 부채의 경우 과거에는 주택담보대출만 문제가 되었으나, 요즘에는 전세대출과 신용대출도 갭투자 재원으로 활용될 만큼 대출 시장에 건전하지 못한 문제가 발생하고 있다. 대출을 받아서 집 한 채 산다거나, 갭투자를 통해 자산을 취득하는 것은 개인 자신에게는 훌륭한 일이고 문제를 해결하는 방법일 수도 있다. 하지만 모두가 그 방법으로 주택을 구입해 시장이 과열될 때는 미래의 가격 상승마저 현재로 갖고 오는 것이다. 이는 미래세대의 자산 상승을 현세대가 소진하는 것일 뿐 아니라 더욱이 거시건전성을 해치는 요인이 되어서 훗날 신용시장에 조금의 충격이라도 있을 때 아무런 상관없는 사람들조차도 피해 보는 일이 생길 수 있다.

그래서 대출을 종종 자동차에 비유하곤 한다. 차를 타고 다님으로써 얻을 수 있는 효용이 크지만, 차가 내뿜는 이산화탄소나 미세먼지로 공기 질이 안 좋아질 수 있는 것이다. 이런 상황에서 누구나 차를 타게 하고 차를 타야만 이동할 수 있도록 도시를 만든다면 공기 질은 더욱 나빠지고 미세먼지가 심해져 누군가는 환경으로 인한 피해를 보게 될 것이다. 주택담보대출과 갭투자도 마찬가지다. 그 때문에 대출과 갭투자 등 금융 정책은 공공의 성격을 갖는 기관으로부터 적절히 관리를 받아야 하는 시간이 필요하다. 그것이 바로 지금 이때다.

다만 근본 정책과 불필요한 규제가 동시에 이뤄지다 보니 시장에는 부동산 정책에 대한 회의론이 나올 만하다. 현재 19번째 대책까지 나온 마당이니 앞으로 20번째, 21번째 대책이 나올지도 모르겠다. 다만 19번처럼 지역을 추가하는 정책은 근본적인 투기수요 억제를 위한 정책과 달리 지엽적일 수 있어서 앞으로는 지양할 필요가 있다. 투기수요를 관리하려면 근본적으로 전세를 대출로 포함하는 것이 본질적 정책이 아닐까.

주택담보대출을 끼고 주택을 여러 채 살 때는 DTI, DSR 등 LTV

뿐 아니라 소득 대비 원리금 상환액 규제를 받으면서 나름 금융시스템 안에서 움직인다. 설령 LTV가 외국처럼 80~90%가 된다고 해도 LTV 90%로 주택 100채를 살 수는 없다. 원리금 상환액이 소득을 넘어버리거나 보유세가 이를 웃돌면서 대출을 유지할 수 없기 때문이다. 3억 원의 주택을 2.7억 원 대출을 받아서 100채를 산다면 270억 원을 대출받아야 한다. 이자만 연 8억 원이다.

그런데 전세 끼고 주택을 살 때는, 즉 갭투자를 할 때는 전세가 채무임에도 불구하고 DTI, DSR 규제 대상이 아닐뿐더러 LTV 규제에서도 벗어난다는 데 허점이 있다. LTV 규제에서 벗어나니 자연스럽게 고가 전세가율 지역에 투자하고, 매수하더라도 대출로 잡히지 않으니 DTI나 DSR 규정도 적용받지 않는다. 3억 원의 주택을 2.7억 전세를 안고 매수한다면 30억 원으로 100채를 살 수도 있다. 원리금 상환이 없으니 DSR 규정에도 걸리지 않는다.

주택 시장 상황이 좋아지고 투자의 대상이 장기 상승할 것으로 기대한다면 자본주의에서 투자하는 것은 당연하다. 주택에 대한 투자는 세계적 트렌드이기도 하다. 투자 자체를 막기보다는 투자를 하되 제도적 규제 안에서 할 수 있게 해야 한다. 제도 밖에서 편법을 써가며 10채, 50채, 100채를 사는 것은 막아야 한다.

한마디로 요약하면 레버리지로 삼은 전세 비용을 부채에 포함해야 한다. 전세금을 부채로 잡으면 갭투자로 주택 시장에 혼란을 주는 현 상황은 손쉽게 해결될 수 있다. 전세금이 부채가 되면 금융시스템 안에서 움직이기 때문이다.

19번 대책으로 수원의 권선구·장안구·영통구, 안양 만안구, 의왕시가 추가 규제지역으로 포함되었다. 이후에도 추가 대책으로 광역시를 규제하든 경기권을 규제하든 현 상황에서는 투자자들이 비규제-6억 이하-자금조달계획서 미제출 지역(즉 규제 프리 지역)으로 몰려갈 가능성이 크다. 점점 풍선이 작아지긴 하겠지만 말이다. 그럼 다시 룰 안의 사람과 룰 밖의 사람은 서로 다른 세상을 살아갈 수밖에 없고 불안요소가 남아 있다. 근본적으로 전세금을 주택 소유주의 금융부채에 포함할 수만 있다면 모든 갭투자자나 실수요가 제도권 안에서 움직이게 되니 이제 이 부분을 검토할 시점이 아닌가 싶다.

이중삼중 규제의 시대에도 오직 '실수요자'만은 자유롭다. 자신이 실수요자라고 생각한다면 2020년대에 더욱 커질 수도권 부동산 시장에 대해서 적극적으로 대응하고 매수하라. 그에게 주택은 홈이자 안식처가 될 것이다. 그러나 주택을 투자 대상으로 보고 이런저런 방법과 변칙을 활용해서 매입하는 경우, 그에게 주택은 자산이 될 것이다. 자산은 신용 사이클에 따라 가격 상승과 하락을 오르내리며, 그 등락이 2020년대에는 자신에게 불리하게 진행될 가능성이 크다.

부디 이 책이 부동산 때문에 고민이 많은 사람에게 도움이 되기를 바라며 글을 마친다. 이 책을 통해 집에 대한 자신의 가치관을 세우고 의사판단을 긴 안목에서 할 수 있다면 더할 나위 없겠다.

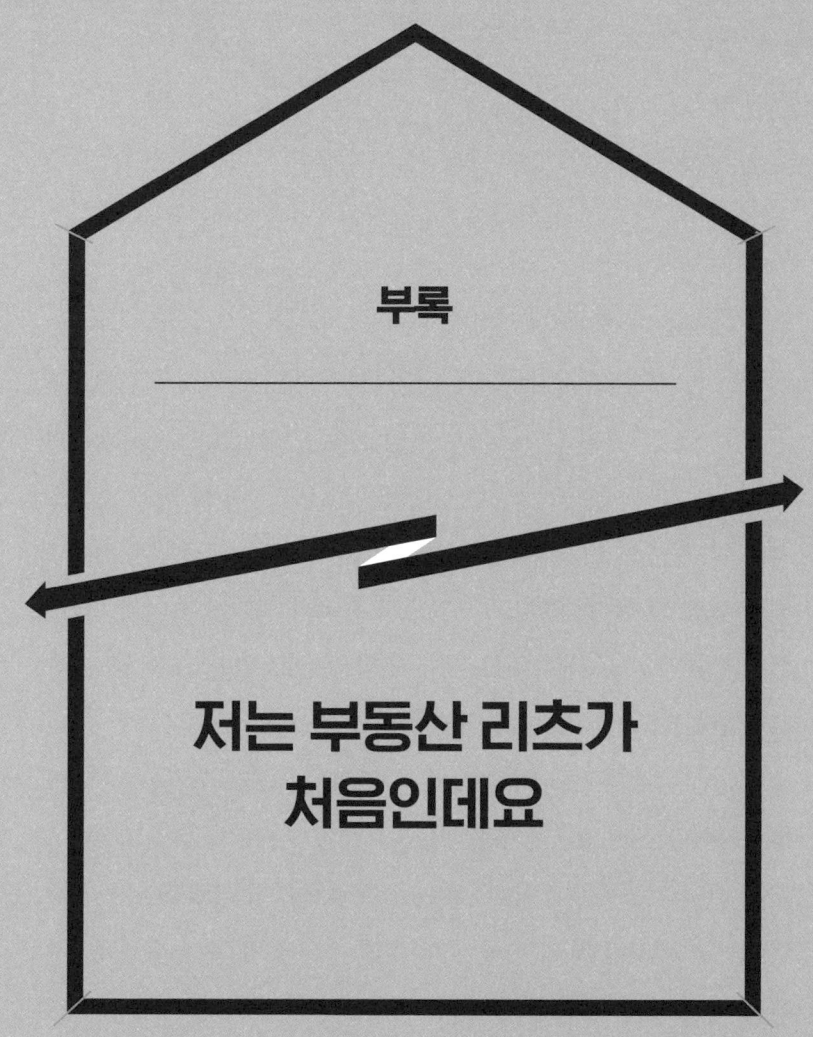

1
리츠가 바꿀 투자 지형도, 직접투자에서 간접투자로

작년 말 지인 중 한 명이 월세를 받을 목적으로 오피스텔 투자에 대해 문의해 온 적이 있다. 그는 앞으로 저금리 시대에 맞춰서 현금흐름을 중시하는 투자를 하고 싶어 했다. 오피스텔이 가장 일반적이고 적합하다고 생각했는지 내게 문의한 것이다.

비슷한 시점에 또 다른 지인도 물었다. 두 번째 지인은 일시적 2주택자였다. 그는 첫 번째 주택을 매각하고 남은 자금이 생겼고 현금을 그냥 갖고 있기보다 활용처를 찾아보는 중이었다. 주택을 사자니 재산세와 종부세 부담이 현저히 커질 것 같아서 주택에 투자하는 것을 꺼렸다. 나는 두 사람에게 부동산 투자는 하고 싶고, 동시에 현금흐름도 원한다면 공모 리츠를 잘 선별해서 투자하면 어떻겠냐고 제안했다.

부동산 투자를 고민하는 투자자들에게 앞으로는 선택지가 하나 더 등장하게 됐다. 바로 부동산에 '직접 투자할까?', '간접 투자할까?'다. 그간 개인들은 직접투자냐 간접투자냐를 두고 고민한 적은 없었다. '아파트냐 빌라냐', '서울이냐 아니냐', '신축이냐 재건축이냐', '신도시냐 구도심이냐'를 두고 고민하는 사람은 많았지만, 직접 투자할까 간접 투자할까 하는 고민을 한 사람은 거의 없었다. 그러나 상장 리츠가 적게는 수십 개, 많게는 외국처럼 수백 개까지 생긴다면 상황은 달라질 것이다. 직접투자가 대세인 한국 부동산 시장에 공모 리츠는 그래서 신선한 바람이다.

현재 공모 리츠는 '부동산 투자를 꼭 아파트에만 해야 할까?', '소액으로 주택에 투자하지 않고 더 크고 멋진 랜드마크 빌딩을 살 수는 없을까?' 같은 도전적인 질문을 던지면서 개인들에게 어필하고 있다. 그리고 부동산을 잘 모른 채 현업에 종사하다가 은퇴를 고민하는 사람들에게도 '그 어려운 부동산 투자를 직접 하는 리스크를 져야만 할까요?'라는 질문을 던지며 설득에 나설 것이다.

사실 지난 수십 년간 우리나라에서 부동산 투자는 곧 주택, 그중에서도 아파트 투자를 의미하는 것과 같았다. 오피스텔이나 상가주택, 2010년대 들어서는 자금이 충분한 경우 꼬마빌딩도 투자 대상으로 본격적으로 떠올랐지만, 금액이 만만치 않기 때문에 소액 투자자에겐 부적합하다. 결국 개인들은 주택 투자에서 아파트를 최우선 대상으로 선택해왔다.

우리나라의 아파트 사랑은 수치로도 명확하게 나온다. 연평균 주택 매매 거래량 평균 100만 건 중 70만 건이 아파트 매매 거래다. 비아파트(단독주택, 다가구, 연립, 다세대 등)는 30만 호에 불과하다. 또 가계의 유력한 투자처로서 아파트를 적극적으로 취득하다 보니, 2채 이상 주택 보유 가구 수는 2018년 말 기준 300만 가구를 넘어가는 데 반해, 무주택 가구는 약 900만 가구에 육박할 정도로 소유 구조에 문제점을 낳고 있다. 주택을 아무리 공급해도 자가소유율이 상승하지 않는 현상이 계속되는 것이다.

우리나라의 자가점유율(소유주가 해당 집에 거주하는 경우)은 전국 평균 57% 수준으로 전 세계 주요 국가 대비 5%포인트 이상 낮고, 특히 투자처로 가장 인기 있는 서울시의 자가점유율은 43%에 불과하다. 이는 뉴욕, 도쿄를 포함하여 전 세계 대도시 가운데 가장 낮은 수준이다. 반대로 보자면 서울시 아파트가 전 세계 부동산 중에서 가장 압도적인 투자 대상이었다는 말이다. 오죽하면 영혼까지 끌어모아서 서울 아파트를 사라는 게 2010년대 부동산 시장에서 최고의 조언이었겠는가. 그만큼 개인들의 부동산 투자는 아파트, 그것도 서울시 아파트에 집중되어왔다.

투기수요가 아파트 시장에 항상 존재하다 보니, 서울시 아파트 가격은 지속해서 상승했고, 2018년 말에는 소득 대비 주택가격이 역사상 최고 수준에 도달하면서 평가가치로는 쉽게 설명되지 않는 상황이 펼쳐졌다. 실수요와 투기수요가 복합적으로 강세했던 요인은 서울시 아파트가 늘 수요 우위(다르게 말하면 공급 부족)였기 때문이다. 그래서 2011~2012년을 제외한 지난 수십 년간 가격이 상승해왔다. 전 세계 주택가격은 그 국가의 GDP와 높은 상관성을 보이며 상승해왔는데, 최근 한국 아파트의 소득 대비 부동산 가격의 초과 상승은 그 정도가 지나치다. 이는 미래의 상승분을 현재로 끌어온 형태라고 말할 수도 있다. 이는 2030세대 등 후배 세대가 누릴 미래의 부를 현 기성세대가 착취하는 것이기도 하여 이런 전개는 국가 전체적으로도 바람직한 현상이 아니다.

이런 국면에서 부동산 간접투자, 그것도 아파트만이 아니라 다양한 상업용 부동산에 투자할 수 있는 공모 리츠의 등장은 일단은 반가울 수밖에 없다. 공모 리츠는 아파트만 바라보는 직접투자 관행을 일부나마 부동산 간접투자로 바꿀 수 있는 수단이다. 이를 통해서 주택 시장에 투자될 자금 규모를 줄일 수 있고 주택 시장에도 약간의 안정성을 확보할 수 있을 것이다. 또 가계의 투자자금이 부동산으로 흘러 들어간다고 하더라도 상업용 건물에 흘러가면서 산업적으로, 즉 생산성 있는 자산에 돈이 돌도록 한다는 측면에서 경제에 긍정적으로 작용할 것이다.

2019년 말 한만희 전 국토부 1차관(현 시립대 교수)도 공모 리츠를 활성화하여 2020년에 있을 3기 신도시 토지보상금을 흡수하자는 의견을 낸 바 있다. 그리고 이를 위해서 공모 리츠에 개인들이 관심을 보이도록 혜택을 더욱 주자는 의견까지 낸 바 있다. 이런 생각에서 드러나듯, 공모 리츠는 가계의 투자금을 흡수할 만한 유력한 수단으로 부상하고 있다.

2019~2020년의 공모 리츠는 과거 2014~2015년에 서울시 아파트가 그랬듯 정부가 강력하게 부양하고자 하는 대상이 되고 있다. 정부의 활성화 정책은 개인들에게 충분한 매력을 줄 정도로 구체적이며, 특히 부동산에 직접투자를 해왔던 사람들이라면 더욱 간접투자의 장점을 가진 공모 리츠의 이점을 곧 깨달을 것이다.

어느 분야든지 이렇게 정부가 규제 없이 뒷바람을 불어넣고 민간이 활성화하면서 시장이 조성될 때가 투자하기에 가장 유망한 초기 단계다. 훗날 해당 상품이 과열되기 시작하면, 2018~2019년의 주택 시장 과열을 잡기 위해 약 20번의 규제 정책을 잇따라 낸 것처럼 규제가 나오게 마련이다. 2013~2014년에 주택을 구입하고 자산가격 상승을 경험한 사람들을 2020년의 무주택자가 부러워하듯, 2019~2020년에 공모 리츠 부양 정책을 쓰는 초기 단계에 투자할 기회를 찾아보자. 2022~2023년이 되어서 후회하는 일이 없도록 말이다.

정부에 맞서지 않고, 정부 정책에 편승한 투자가 쉬운 투자다. 순풍이 불기 시작할 때 돛을 띄워라.

2
대체 리츠가 뭐예요?

리츠란 무엇일까? 이름부터 생소한 사람들이 많을 것이다. 리츠는 투자자들로부터 자금을 모아 부동산이나 부동산 관련 자본·지분(equity)에 투자한 후 그로부터 발생한 수익을 투자자에게 배당하는 회사나 투자신탁을 말한다. 그래서 기본적으로는 '주주(투자자) – 부

주주(투자자) – 지분 투자 – 배당

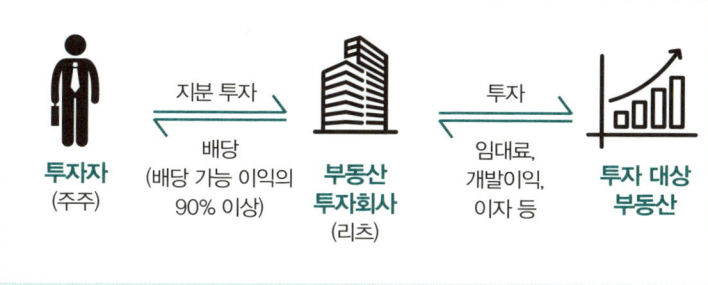

동산투자회사(리츠) - 투자 대상 부동산'의 선형적 구조다.

리츠를 운용하는 회사를 자산관리회사인 'AMC(Asset Management Company)'라고 한다. 예를 들어 롯데리츠의 경우 롯데리츠를 운용하는 롯데리츠운용이 있다. NH프라임리츠의 경우 이 리츠를 운용하는 NH리츠운용이라는 기업이 있다. 신한알파리츠 역시 이를 운용하는 신한리츠운용이라는 별도의 운용회사가 있다. 이들 운용회사는 이름 그대로 리츠를 운용하는데, 운용의 범위는 좁게는 투자 대상 부동산의 물리적 관리부터 넓게는 자산의 매수-매각이나 부채 등 자본구조를 정하는 모든 행위를 포함한다.

운용회사는 여러 가지 리츠를 만들어낼 수 있다. 특히 투자 대상 부동산의 종류에 따라서 리츠를 개별적으로 만드는 것이 일반적이

리츠와 부동산펀드 비교

구분	리츠	부동산펀드
근거 법령/설립	부동산투자회사법 (국토교통부 인가)	자본시장법 (금융위원회 신고)
형태	주식회사	신탁형/회사형
최소 자본금	위탁: 50억 원/자기관리: 70억 원	규제 없음
주식 분산	1인 지분 50% 초과 금지 공모 예외 기관(국민연금, 공제회 등)은 제한 없음	신탁형: 없음 회사형: 금융업법 등에 의한 제한
개발산업	총자산의 30% 이내 가능 개발리츠는 70% 이상 가능	제한 없음
자금 차입	순자산의 10배 이내 가능(주총 특별 결의)	제한 없음
세제 혜택	90% 이상 배당 시 법인세 비과세(자기관리리츠 제외)	90% 이상 배당 시 법인세 비과세

*출처: 한국자산신탁, 한국투자증권, 국가법령정보센터

다. 가령 오피스를 주력으로 매입하는 오피스리츠, 주거시설을 집중적으로 매입하는 주거리츠, 혹은 호텔리츠나 물류센터리츠 등 투자 대상 부동산별로 개별적으로 설립된다.

국내 대표 운용회사인 이지스자산운용(AMC)은 오피스텔-호텔에 투자하는 이지스밸류리츠와 아파트에 투자하는 이지스레지덴셜리츠도 기획 중이다. 이처럼 개별 운용회사가 여러 리츠를 설립할 수 있다. 투자자는 이렇게 설립된 여러 리츠를 ①운용회사가 마음에 들어서 투자하거나, ②개별 부동산이 마음에 들어서 투자할 수 있는 구조다.

리츠는 투자자가 부동산회사에 투자하고, 그 회사는 임대수익, 매각이익, 개발이익 등을 얻기 위해 부동산에 투자한 후 얻은 수익의 90%를 나눠주는 구조다. 운용회사는 리츠와 운용 계약을 맺어서 운용 수수료를 받는다. 현 법인 세법에서는 세전 이익의 90%를 배당할 때 법인세가 비과세되는데, 리츠는 이를 토대로 설립됐다.

리츠와 부동산펀드를 헷갈리기도 한다. 왼쪽 표를 보면 근거 법령과 형태 등 여러 면에서 차이가 난다. 무엇보다 부동산펀드는 일반적으로 3~5년 만기의 폐쇄형 상품으로 출시되어 펀드 청산 시점까지 환매하기 어렵고, 가능하다고 해도 수수료가 높은 편이다. 반면 리츠는 주식시장에 상장되어 있으므로 일반 주식 거래와 마찬가지로 원하는 시점에 매매할 수 있고 환매 수수료가 없다.

3
리츠와 부동산 직접투자의 비교①
취득할 때

리츠를 통한 부동산 간접투자는 과연 어떤 장점이 있을까? 부동산 직접투자와 비교해보자. 특히 리츠와 일반 부동산(특히 주택)을 취득하는 과정에서부터 임대수수료 받기, 그리고 매각하기까지 전 생애주기에 걸쳐서 비교 분석해보자.

먼저 취득할 때 직접투자와 리츠를 비교해보자.

부동산을 구입하면 취득세를 낸다. 주택을 제외한 부동산(건물, 토지 등)의 취득세는 4%이고, 취득세의 10%인 지방소득세를 더해 4.4%에 0.2%의 농어촌특별세(이하 농특세)를 더한 4.6%가 기본 취득세다. 그런데 주택의 경우에는 취득세 특례 규정으로 이를 낮춰준다. 예를 들어 주택가격이 시세 기준 6억 원 이하는 취득세가 1.1%이고, 6~9억 원 사이는 2.2%, 그리고 9억 원 초과는 3.3%로, 취득세가 1~3% 범위다. 다만 주택 중 국민주택 규모인 85㎡를 초과하는 중대형 주택은 0.2%포인트의 농특세가 가산된다. 따라서 대형 주택이라면 6억 원 이하가 1.3%, 6~9억 원은 2.4%, 9억 원 초과는 3.5%의 취득세를 낸다.

이런 특례 취득세 제도의 도입 취지가 전하는 메시지는 명확하다. '주택을 취득하라'는 것이다. 특히 가격이 낮은 주택은 아주 적극적으로 취득을 장려하는 것이나 마찬가지다. 요즘은 이를 너무 장려하다 보니, 지방의 소형 부동산을 수십 채 이상 취득하는 문제가 생겨, 취득세 경감 혜택을 다주택자가 보고 있다는 비판이 생겨날 정도다.

반대로 주택의 투자 대안이면서 현금흐름을 고려해서 투자하는 오피스텔은 이런 취득세를 낮춰주는 특례가 없어서 세율이 4.6%에 이른다.

그런데 부동산 간접투자인 리츠는 상장 주식을 거래할 때와 마찬가지로 개인이 리츠를 살 때 내야 할 취득세가 따로 없다.

매입할 때 수수료에서도 차이가 난다. 예를 들어 4억 원 규모의 오피스텔을 직접 매입한다면 취득세 1,840만 원(4.6%의 취득세)과 거래 비용 160만 원(0.4%)을 합산하여 2천만 원을 내야 한다. 반면, 리츠는 취득세가 없고, 거래 비용도 0.1%인 40만 원에 불과하여 둘 사이의 격차가 상당히 크다.

이미 상장한 리츠라면 몇 번을 더 사고팔더라도 취득세를 추가로 내지 않는다. 그러나 직접투자의 경우 주택 거래는 소유권 전체에 대한 거래와 같고 이 과정에서 신규 매수자가 취득세를 낸다. 즉, 취득세를 부동산 거래가 있을 때마다 계속 내야 한다. 상장 리츠는 반대다. 한 번 상장하면 취득세가 사실상 영원히 면제된다고 해도 과언이 아니다.

4
리츠와 부동산 직접투자의 비교②
보유할 때

리츠를 통한 부동산 간접투자와 직접투자를 비교할 때 가장 차이가 나는 부분이 보유할 때 들어가는 비용이다.

부동산을 직접 보유한 주체는 재산세를 내고, 일정 규모를 넘는 부동산을 보유하고 있다면 종부세를 낸다. 재산세는 지방세이고, 종부세는 국세다. 재산세는 '물건별 과세' 개념이어서 개별 부동산에 과세한 후 그 부동산의 소유자별 지분율에 따라 각각 분배되는 형태로 하향식(top-down)으로 세금을 계산한다. 예를 들어 주택 3채가 있는데 재산세가 첫 번째 집인 대치동 집은 100, 마포 집은 50, 일산 집은 20으로 계산된다면, 부동산에 부과된 재산세를 소유자별로 나눠서 내는 개념이다. 재산세는 부동산이 주인공이다.

반대로 종부세의 경우에는 '인별 과세' 개념이고, 주민등록번호

나 법인별로 보유한 과세 대상 부동산의 총 공시가격을 모두 합산하여 이를 토대로 계산하는 상향식(bottom-up)의 과세를 한다. 예를 들어 위 사례에서 대치동 집, 마포 집, 일산 집의 3채를 한 명이 다 소유할 때와 서로 다른 세 명이 소유할 때 세금 총액이 완전히 달라진다. 이처럼 재산세는 누진과세 개념이 없고, 종부세만 누진과세 개념이 존재하므로 누진적으로 합산하는지 아닌지는 보유세에서 상당히 중요하다.

그 때문에 9.13대책과 12.16대책을 통해서 종부세 중 조정지역 2주택자 이상에게 누진세율을 인상한 것과 세부담상한선을 높인 정책은 누진세 제도하에서 세금 상승이 상당하는 것을 뜻한다.

부동산 직접투자와 간접투자를 비교하기 위해서 각 조건이 다른 세 사람을 예로 들어보자.

등장인물

1. 30대 초반 무주택자인 김영채(0채) 씨. 최근 4억 원의 투자금이 생겨서 오피스텔 투자와 리츠 투자를 고민 중이다.
2. 강북 고가 아파트 1채를 보유한 실거주 1주택자인 40대 박일채(강북 1채) 씨. 추가 여유자금이 생겨서 오피스텔을 추가로 매입할지, 리츠에 투자할지 고민 중이다.
3. 강남의 초고가 아파트 1채를 보유한 실거주 1주택자인 50대 강일채(강남 1채) 씨. 은퇴를 앞두고 있다 보니 3040세대보다 현

금흐름을 더욱 갈망하는 상태라 오피스텔 투자와 리츠 투자를 비교해보고 싶어 한다.

이들 세 사람을 대상으로 각자 부담해야 할 보유세가 어떻게 달라지는지 알아보자.

1. **무주택자인 30대 김영채 씨**: 4억 원 규모의 오피스텔 직접투자와 4억 원 규모의 리츠에 투자했을 때 보유세 차이는 크지 않다. 오피스텔 1주택만 있는 경우 재산세 37만 원을 내는 것이 전부다.

2. **40대 박일채 씨**: 강북의 고가 아파트(예: 마포래미안푸르지오)를 소유한 채로 오피스텔에 추가로 투자할 때 내야 할 보유세가 만만 찮다. 현재는 고가 아파트 1채만 보유할 때 내는 재산세가 234만 원 수준이고 종부세가 없다. 공시가격이 8억 원 수준이어서다. 그런데 오피스텔 1채(시세 4억, 공시 2억)를 추가로 취득하면 종부세가 큰 폭으로 올라서 내야 할 총 보유세가 510만 원 수준이 된다. 약 280만 원 이상 상승한다. 이는 오피스텔에서 나오는 월세 수익 대비 적지 않은 상승폭이다.

3. **강남에 1채를 보유한 강일채 씨**: 이미 공시 9억 원을 넘는 고가

아파트를 소유하고 있어서 재산세·종부세를 합친 보유세가 이미 648만 원이다. 여기에 4억(공시 2억 원) 오피스텔을 추가로 취득한다면 누진세인 종부세 효과로 보유세가 총 1,286만 원 수준으로, 약 642만 원 이상 상승한다. 이 정도면 보유세 인상 효과가 상당하다.

이처럼 보유세는 주택이 많은 다주택자일수록 높은 세율이 적용되기 때문에, 1주택자만 하더라도 직접투자를 통한 아파트나 오피스텔을 추가로 구입할 때 보유세 인상 폭이 크다. 특히, 약 4억 원 규모의 오피스텔이라면 5% 수준인 2천만 원 정도의 임대소득이 발생한다. 매년 내야 할 보유세 증가분은 김일채(강북 1채) 씨만 하더라도 280만 원 이상이며, 강일채(강남 1채) 씨의 경우 642만 원 이상이어서 임대 소득의 14~32% 수준을 보유세로 매년 내야 한다는 것을 의미한다. 또 보유세는 매년 인상될 예정이어서 그만큼 금액이 커질 수밖에 없다.

그렇다면 부동산 간접투자인 리츠는 어떨까? 리츠는 이런 복잡한 계산이 필요 없다. 리츠는 금액과 관계없이 보유세가 부과되지 않는다. 주식이기 때문이다. 리츠 주식 1억을 보유하건, 10억이나 20억을 보유하건 간에, 보유세가 없다는 점은 주식 투자만의 장점이다. 더구나 보유세에서 가장 문제가 되는 종부세를 리츠 투자자인 개인만 내지 않는 것이 아니라, 리츠 회사 역시 내지 않는다. 공모 리츠에는 토지 부분에 종부세 분리과세 혜택이 있어 토지 종부세를 내지 않고, 건축물 부분은 원래 종부세가 없기 때문이다.

보유세가 투자 수익률을 결정하는 제로금리 시대에 보유세가 없다는 것은 큰 매력이다. 직접 부동산을 투자하는 경우 누진적으로 높아지는 보유세와 세부담상한선이 비약적으로 상승한다. 이를 회피하기 위해서 보유세 부담을 낮출 수 있는 방법들(공시가격 6억 원 이하이고 전용면적 85㎡ 이하인 비조정지역 주택을 장기일반임대로 등록하는 경우 등)을 찾아야 하는데 그마저 점점 어려워지고 있다. 이런 국면에서 '보유세 제로'가 가능한 부동산 리츠는 상당한 투자 유인책이 될 것이다.

5
리츠와 부동산 직접투자의 비교③
매각(양도)할 때

직접 투자한 주택이나 오피스텔을 매각할 때와 부동산 간접투자인 리츠를 매각할 때의 차이에 대해서도 알아보자.

보통 주택의 경우 1주택자이고 2년 거주 요건을 채웠다면 '9억 원 비과세와 최대 10년 80%에 이르는 장특공제'를 적용받는다. '9억 원 비과세'와 '장특공제'의 2가지 혜택이 있다. 먼저 9억 비과세 부분은 대단히 큰 혜택이다. 예를 들어 주택을 판 금액이 9억 원이 되지 않는다면 아예 양도소득세가 나오지 않는다. 4억 원에 매수한 주택이 9억 원이 되었고, 2년 거주 요건을 충족했다면 그는 양도차익 5억 원에 대해서 비과세 적용을 받아 세금을 1원도 내지 않는다. 어마어마한 혜택이다.

9억 원이 넘는 금액에 매각하더라도 '9억 비과세'는 효과를 발휘한다. 가령, 5억 원에 매수한 주택이 10년 뒤 15억 원이 된 상황을 가정해보자. 이때도 '9억 비과세'는 작용하여 총 매각차익인 '10억 원(15억 원-5억 원) × 9억 원 ÷ 15억 원'을 계산해서 나온 6억 원이 비과세가 된다. 과세 대상 금액은 총 10억 원 중 6억 원을 뺀 4억 원이 된다.

10년 보유 80% 장특공제는 여기서 작동한다. 남은 4억 원의 과세 대상 금액에서 최대 10년 80%인 3억 2천만 원이 공제되는 것이다. 이를 모두 공제하고 남은 8천만 원이 '과세표준'이 된다. 8천만 원의 양도세율은 24%(누진 공제 108만 원)이므로 양도소득세는 1,812만 원이고, 이는 총 매각이익인 10억 원 대비 1.8% 수준으로 극히 미미한 금액임을 알 수 있다. 이처럼 장특공제는 그나마 부과되는 양도소득세를 원천적으로 줄여주는 역할을 한다.

그런데 8.2대책과 9.13대책에 따라 투자 목적으로 주택을 추가로 구입한 2주택자부터는 '9억 비과세' 혜택을 받을 수 없을 뿐만 아니라 '10년 80% 장특공제'도 받을 수 없다. 한술 더 떠서 양도세율도 '중과세율'로 적용받는 3가지 규제를 적용받는다.

예컨대 4억 원에 오피스텔을 매수하고 6억 원에 매도하는 조정 지역 내 2주택자의 경우, 양도차익 2억 원에 대해서 9억 비과세 혜택이 없고, 장기보유 공제도 제로, 아울러 양도세율 중과의 삼 연타를 맞아서 총 양도소득세는 8,110만 원이 된다. 상승분 2억 원의 약 41%를 세금으로 내는 것이다. 이외에 매도 수수료도 추가로 낸다.

매각 대금인 6억 원의 매도 수수료를 약 0.4%로 계산하면 240만 원이고 이 금액 역시 적지 않다.

그 때문에 양도소득세 계산은 앞서 예로 든 김영채(무주택자)와 박일채(강북 1채), 강일채(강남 1채)가 모두 다르고, 가장 유리한 사람은 당연히 9억 원 비과세와 장특공제를 모두 받을 수 있는 무주택 가구다. 그러나 무주택자인 김영채 씨를 제외한 나머지 사람들의 경우, 조정지역 내 부동산에 직접 투자한 후 양도소득세를 줄이는 방법은 오로지 '공시가격 6억 원 이하이고 전용면적 85㎡ 이하 주택을 10년 이상 장기일반임대사업자 등록'하는 방법뿐이다. 이외의 경우는 모조리 장기보유 공제가 적용되지 않는다. 즉, 그만큼 받기 어려운 혜택이라는 의미다.

그런데 리츠는 어떨까?

리츠는 주식이어서 대개 양도소득세가 없다. 매각 시에도 거래 수수료 0.1%가 있고, 특별히 농특세 0.15%가 가산된다. 합치면 0.25%의 비용이 든다. 4억 원에 매수한 리츠를 6억 원이 되어서 매각할 때 거래 비용으로 6억 원 × 0.25% = 150만 원이 전부다.

그런데 주식도 대주주의 경우에는 양도소득세를 낸다. 양도세율은 지방소득세를 포함해서 누진 없이 22%(20% + 2%)를 낸다. 금액이 3억 원을 초과할 때는 27.5%(25% + 2.5%)를 낸다. 여기서 대주주란, 코스피의 경우 지분 1% 또는 종목별 15억 원 이상 보유한 사람을 뜻하며, 2021년 4월 1일 이후부터는 지분 1% 이상 혹은 지분 3

억 원 이상을 보유한 사람을 일컫는다. 대주주의 적용 대상 범위를 확대해서 주식 양도차익에 대해서도 과세를 확대하는 것이 정부의 방침 중 하나다.

4억 원에 매수하고 2021년 이후 6억 원에 매도하는 경우 대주주에 해당하므로 양도차익이 3억 원 이하여서 22%의 세율로 4,400만 원(2억 원×22%)의 세금을 낸다.

그러나 리츠는 분산투자 할 수 있으므로 4억 원을 하나의 리츠에 투자하는 것이 아니라, 2억 원으로 두 개의 리츠에만 분산해도 양도소득세를 제로로 만들 수 있다. 이는 부동산 직접투자에서는 할 수 없는 전략이다. 향후 리츠 활성화 시대에 여러 사람이 취할 수 있는 이점 중 하나다.

6
리츠와 부동산 직접투자의 비교④
거래 비용과 편의성

부동산에 직접 투자할 때는 거래 비용이 든다. 중개사에게 나가는 수수료와 등기 관련 사무 비용이 거래 관련 비용이다. 이 중에서 특히 공인중개사에게 나가는 거래 수수료를 보자.

실물 부동산의 경우 거래 비용은 매매할 때는 통상 0.4~0.5% 수준이다. 매매할 때 중개료율은, 2~6억 원 사이는 0.4%이고, 6~9억 원 사이는 0.5%다. 그리고 9억 원을 초과하는 고가 부동산의 경우 0.9% 이하에서 중개사가 정하는데, 보통 약 0.6% 수준에서 결정된다.

리츠의 경우 취득세는 없고 거래세는 증권거래세법에 따라 매매 대금의 0.5%로 지정되어 있지만, 시행령을 통해서 탄력세율인 0.1%(2019년 6월부터)를 적용받는다.

취득하는 과정에서 들어가는 비용이 취득세와 거래 관련 수수료인데, 부동산 직접투자는 취득세 + 거래 수수료의 구조이고, 리츠는 거래 수수료만 내는 것이어서 이 둘의 차이가 크다.

- **전용면적 84m²인 10억 원의 주택을 구입할 때 드는 비용**

    취득세 3.3% = 3,300만 원

    거래 비용 0.6% = 600만 원

    기타 잡비(등기 관련 사무) = 100만 원이라고 가정할 때

    총 4,000만 원

- **10억 원의 리츠를 구입할 때 드는 비용**

    거래세 0.1% = 100만 원

주택으로 월세를 받을 때는 연 환산 수익률이 약 2%대다. 시세 10억 원의 주택으로 벌어들이는 현금흐름이 연 2천만 원이 되는 것이다. 취득세와 거래 비용만으로 4천만 원을 낸다는 것은 2년분의 수익이 없다는 것과 마찬가지다. 리츠의 100만 원과 비교해도 상당한 차이가 있다.

리츠는 거래 비용이 낮은 만큼 주식 거래의 편의성이 부동산보다 상당히 높을 수밖에 없다. 거래 비용이 낮다는 것은 거래 환경이 좋다는 의미다. 그래서 대개 주식은 부동산에 비해서 거래의 편의

성이나 유동성 면에서 장점을 갖고 있다.

　거래의 편의성이란 비용 측면만을 말하는 것은 아니다. 부동산이 오프라인 거래이고, 얼굴을 직접 보는 면대면, 또 중개사를 통한 거래가 수반되고, 현금 지출도 최소 2회(계약금/잔금)나 3회(계약금/중도금/잔금)를 해야 하는 불편함이 있다. 계약금을 지급하고 잔금 지급 전에 거래가 깨지기도 한다. 무엇보다 실물 부동산을 보고 싶어도 임차인이 있는 경우 제대로 보기 어려울 수도 있다는 점, 탐방을 매번 계획하고 가야 한다는 점 등은 거래의 불편함을 높이는 요소다. 중개 사기나 중개 관련 사고 역시 간간이 벌어진다. 계약서를 쓸 때 중개소에 가야 하고, 잔금을 치를 때 또 가야 하며, 중도금을 두고 실랑이가 벌어지는 것이 주택 구매의 과정이다. 이 과정에서 매도자와 매수인 간에 얼굴을 붉히는 일이 벌어지기도 한다.

　그러나 리츠를 통한 주식 거래는 이러한 거래의 불편함이 없다. 모바일로 간단히 사고팔 수 있으며, 매수나 매도 시 수수료가 자동으로 계산되고 차감된다. 무엇보다 단 한 번의 클릭으로 모든 것을 할 수 있다. 사건 사고 역시 사실상 원천 차단된다.

　물론 리츠라고 다 좋은 것은 아니다. 상장된 공모 리츠의 위험성도 존재한다.

　첫째, 상장된 리츠회사 주식 자체의 가격 변동성이 위험 요소가 될 수 있다. 2019년 하반기에 상장한 리츠들 역시 상장 초기에는 양호한 성과를 보였지만, 2019년 말 부동산 규제 분위기 속에서 동반 하락하면서 좋지 못한 성과를 보여주었다. 특히 금리 인하에 대한 기대감이 2020년 초 사라지고, 2020년 4월 금융통화위원회 구성원이 변경되면서 혹시 모를 금리 완화 기조가 약해질 것을 우려하는 시각이 많았다. 미국 등 선진국의 성장형 리츠와 달리 국내 리츠는 매출 성장률에서도 한 자릿수를 기록하고 있어서 배당 등에 특화되어 있다. 이런 상황에서 금리 변동은 리츠 주가에 영향을 크게 미칠 수 있어 리스크가 될 수 있다.

둘째, 외국의 리츠 사례를 보면, 리츠가 너무 고가에 자산을 매수하고 그 과정에서 채권이나 대출을 너무 많이 받는 바람에 훗날 파산한 예도 있다. 리츠는 부동산 자산을 매입하고 그 자산의 현금흐름이나 미래가치에 투자하는 것인데, 개인이든 법인이든 리츠든 부동산을 비싸게 샀다면 손해를 볼 수 있다. 이러한 상식적인 원리는 국내나 해외 어느 리츠에서든 적용되며, 외국처럼 공모 리츠의 역사가 긴 나라에서 이런 일이 발생한 바 있다.

셋째, 결국 리츠의 본질은 부동산에 투자한다는 것이다. 직접이냐 간접이냐 방식에 따라 달라지는 문제일 뿐, 본체인 부동산을 사는 행위는 같다. 전부를 사느냐 지분을 사느냐의 차이가 있지만, 지분이든 전부든 해당 부동산을 사는 셈이다. 그래서 해당 부동산이 어느 산업에서 주로 활용되는지 등에 따라서 해당 리츠 역시 흥망성쇠가 있다.

가령 최근에는 데이터센터라거나 통신 인프라 장비 등 4차 산업으로 불리는 혁신 산업에 필요한 부동산들이 활황세다. 과거에는 대규모 오프라인 유통시설들이 활황세였다. 주택이 활황이던 시절도 있었다. 모든 부동산은 저마다 사이클이 존재해왔다. 지금 바이오 관련 시설이나 4차 산업 관련 혁신 시설들이 고평가를 받지만, 미래 시점에 다시 이런 부동산들이 외면받을 수도 있다는 점을 유념해야 한다. 그 때문에 리츠 투자는 부동산 투자의 위험성과 궤를 같이할 수밖에 없다.

이러한 리스크에도 불구하고 2000년 이후 장기 시계열로 선진국 리츠의 가격 변화를 추적해보면, 미국이나 일본, 싱가폴 등 리츠 선진국에 상장된 리츠들로 구성된 포트폴리오의 성과는 미국 S&P(Standard & Poor's의 약자로 미국의 신용평가회사)보다도 3배 이상 상승할 정도로 성과가 좋았다. 이처럼 리츠 포트폴리오를 다양화하거나 리츠 ETF나 리츠 공모 펀드 가입 등을 통해서 리스크를 낮출 수 있다.

7
부동산 임대소득과 리츠 배당소득, 뭐가 좋을까?

투자 목적으로 부동산을 직접 보유한 다주택자와 1주택자이면서 리츠에 투자한 사람이 있다고 하자. 한 명은 월세로 돌린 오피스텔에서 매년 1,800만 원의 월세소득(월 150만 원×12개월)이 나오고, 다른 한 명은 리츠에서 1,800만 원의 배당수익이 발생한다.

이 둘의 경우에는 모두 15.4%로 분리과세를 한다. 소득세는 납세의무자의 소득을 종합하여 과세하는 종합과세를 원칙으로 하지만, 일부 특정한 소득금액은 정책적인 이유에서 종합과세표준에 합산하지 않고 분리하여 과세한다. 이를 분리과세라고 한다. 원래 월세의 경우 2천만 원 이하는 비과세 영역이었으나, 2019년부터는 과세를 하고 처음 세금을 내는 시점은 2020년 5월 종합소득세 신고 때 내야 한다.

금융상품에 투자하고 이자나 배당소득을 얻을 때는 2천만 원 이하에 대해서도 이미 15.4%의 배당소득세를 내왔다. 그래서 2018년까지는 주택임대를 통한 수익이 같은 금액의 배당소득보다 세후 수익률 면에서 앞섰다. 2019년 이후부터는 달라졌다. 리츠나 월세 투자나 어차피 같은 세율을 내도록 바뀌었다.

2천만 원이 넘어간다면 두 경우 모두 분리과세가 아니라 종합소득에 합산되어 그 사람의 총 세율에 근거해서 내야 한다. 즉, 2천만 원이 넘는 금액이라고 하면 둘 다 같은 세율이라는 의미다.

그런데 상장 리츠는 개인들에게 다소 유리한 혜택이 2020년부터 생긴다. 정부는 2019년 9월 11일에 리츠 활성화 대책을 발표했다. 개인이 5천만 원 한도의 금액을 상장된 공모 리츠에 투자한다면 그 투자금에서 나오는 배당소득에 대해서는 9%(지방소득세를 고려하면 9.9%)로 분리과세 하는 투자 혜택을 만들었다. 이 법령은 2019년 말 통과되어 2020년부터 시행될 예정이다.

따라서 5천만 원 이하의 금액을 투자하고 개인이 벌어들일 수 있는 예금이자, 배당소득, 월세소득 등 전 소득에 대해서 종전 15.4% 대비 9%라는 가장 낮은 수준으로 과세가 되므로 이 부분에서 다소 유리해졌다.

배당 수익률이 5%인 상장된 공모 리츠에 투자한 투자자라면, 5천만 원 원금에 대한 배당금은 250만 원이다. 이에 대해 종전에는 15.4%로 분리과세 하여 385,000원의 배당소득세를 냈는데, 이제 달라진 9.9%로 계산하면 248,000원으로 137,500원을 덜 내게 됐다.

개인의 투자금액 한도인 5천만 원은 향후 상향 조정될 가능성이 크다. 이를 잘 응용한다면 상장된 공모 리츠를 통한 배당 수익률이 오피스텔 임대 등과 똑같다 해도 세후 수익률 면에서 상당한 장점이 될 수 있다는 점을 기억하자.

정책을 보면 부동산 시장의 현실을 읽을 수 있고, 향후 나올 정책의 방향을 짐작해볼 수 있다. 현재 정책의 방향을 보면, 정부는 부동산 직접투자와 주택 투자는 기를 쓰고 막아 시장을 안정화하려고 하는 반면 부동산 간접투자와 산업용 빌딩 투자는 기를 쓰고 촉진하려는 듯하다. 순풍에 올라타는 것이 쉬운 투자법이다.

8
현금은 언제 들어오나요?

부동산 직접투자와 간접투자를 비교했을 때 직접투자가 유리한 부분이 분명히 있다. 먼저 오피스텔에 직접 투자한다면 매월 월세를 받을 수 있는 이점이 있다. 상장 리츠가 6개월 단위로 결산한다는 점과 비교하면 훨씬 매력적으로 보인다. 월세수익을 매월 받느냐, 배당금을 연 2회 받느냐는 상당한 차이가 있다.

직접투자와 간접투자의 이러한 차이점 때문에 배당주 투자를 상대적으로 선호하지 않는 편이다. 배당주는 1년에 1회 배당하는 경우가 일반적이기 때문이다. 최근에야 중간배당이 있어서 연 2회 배당을 주는 기업도 많아졌으나, 현금흐름을 중시한다면 근본적으로 배당주 투자가 연 1회 배당금 수령이라는 점에서 월세수익과 비교했을 때 불리하다.

특히 은퇴를 앞둔 강일채(강남 1채) 씨 같은 경우에는 현금흐름이 중요하다. 그래서 이런 차이점이 더욱 크게 다가올 것이다. 그래서 리츠보다는 아파트나 오피스텔에 직접 투자하여 임대소득을 올리는 쪽을 선호할 수 있다.

리츠는 연 2회 결산을 한다. 그런데 국내 상장한 리츠의 경우 결산하는 달이 조금씩 달라서 다소 재미있는 상황이 벌어진다. 예를 들어 2018년 상장한 신한알파리츠는 결산 월이 3월과 9월이다. 즉, 배당금을 3월과 9월에 받을 수 있다. 그런데 2019년에 상장한 롯데리츠는 결산 월이 6월과 12월이다. 2019년 12월 상장한 NH프라임리츠은 결산 월이 5월과 11월이다. 이 세 가지 리츠에 3분의 1씩 투자했다고 가정하면, 배당금은 3월, 5월, 6월, 9월, 11월, 12월로 총 여섯 번 받을 수 있다. 세 개로 분산해서 투자하면 이런 효과가 난다.

아마 앞으로 상장할 공모 리츠들도 결산 월이 다양할 것이다. 만약 앞으로 1월과 7월, 2월과 8월, 4월과 10월에 결산하는 리츠가 생긴다면 적당한 분산투자를 통해서 사실상 1월부터 12월까지 쉬지 않고 매월 배당금을 받을 수 있는 공모 리츠 투자법도 나타날 것이다. 아직은 배당 주기 면에서 리츠가 불리하고 부동산 직접투자가 유리한 점이 있다.

하지만 리츠의 경우 매 배당 주기에 배당금 수령이 사실상 확실한 만큼 부동산 직접투자를 통해서 임차인에게 매월 월세를 받아야 하는 상황과 비교하면 수고스럽지 않은 장점이 있다. 만약 임차인이 월세를 체납할 경우 임대인이 취할 수 있는 조치는 보증금에서 차감하는 방법이 일반적이다. 이는 임대인에게 좋은 상황이 아니다. 또 임대차 기간 종료와 다른 임차인을 구하는 과정에서 공실위험도 존재한다. 부동산 직접투자는 이런 불확실성이 있다. 매월 현금흐름이 들어온다는 정상적인 상황을 가정하면서 리츠 대비 유리하다고 판단하기에는 다소 근거가 희박해 보인다.

최소한 리츠는, 세전 이익 90% 배당을 통해서 배당성향(당기순이익 중 배당금의 비율)이 사실상 100%이고, 온전히 배당할 것이라는 확신이 있다. 그 때문에 현금흐름 확보 측면에서도 상당한 장점이 있지 않을까?

부동산 취득(오피스텔 4억, 월세소득 2,000만 원)
VS 리츠 매입(4억, 배당소득 2,000만 원)

	취득세	수수료	재산세/종부세		소득세	양도세 (50% 상승 시)	수수료
오피스텔 4억	1,840만 원 (4.6%)	160만 원 (0.4%)	무주택 + 오피스텔	37만 원	308만 원 (15.4%)	0원 (9억 원 비과세)	160만 원 (0.4%)
리츠 4억	—	40만 원 (0.1%)	증분 0원		25만 원 (9.9%) + 269만 원 (15.4%)	5,500만 원 (27.5%)	100만 원 (0.25%)
세금 증감 (리츠 대비)	+1,840만 원	+120만 원	+37만 원		+14만 원	-5,500만 원	+60만 원

주1: 리츠 5,000만 원 이하 배당소득에 대해서는 9.9% 소득세
주2: 2021년부터 주식 3억 원 이상 보유 시 대주주(세율 2.5% + 25%)

마포래미안 1주택자

부동산 취득(오피스텔 4억, 월세소득 2,000만 원)
vs 리츠 매입(4억, 배당소득 2,000만 원)

	취득세	수수료	재산세/종부세		소득세	양도세 (50% 상승 시)	수수료
오피스텔 4억	1,840만 원 (4.6%)	160만 원 (0.4%)	마래푸 1주택 마래푸 + 오피스텔	234만 원 510만 원 (2019)	308만 원 (15.4%)	7,766만 원 (48%)	160만 원 (0.4%)
리츠 4억	-	40만 원 (0.1%)	증분 0원		25만 원 (9.9%) + 269만 원 (15.4%)	5,500만 원 (27.5%)	100만 원 (0.25%)
세금 증감 (리츠 대비)	+1,840만 원	+120만 원	+276만 원		+14만 원	+2,266만 원	+60만 원

*양도소득세는 22%(양도차익이 3억 원 미만일 때, 3억 원을 초과한다면 27.5%)

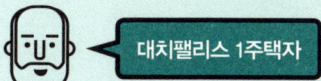

대치팰리스 1주택자

부동산 취득(오피스텔 4억, 월세소득 2,000만 원)
vs 리츠 매입(4억, 배당소득 2,000만 원)

	취득세	수수료	재산세/종부세		소득세	양도세 (50% 상승 시)	수수료
오피스텔 4억	1,840만 원 (4.6%)	160만 원 (0.4%)	대치팰리스 1주택 대치팰리스 + 오피스텔	648만 원 1,286만 원 (2019)	308만 원 (15.4%)	7,766만 원 (48%)	160만 원 (0.4%)
리츠 4억	-	40만 원 (0.1%)	증분 0원		25만 원 (9.9%) + 269만 원 (15.4%)	5,500만 원 (27.5%)	100만 원 (0.25%)
세금 증감 (리츠 대비)	+1,840만 원	+120만 원	+642만 원		+14만 원	+2,266만 원	+60만 원

**대한민국 부동산
지난 10년 앞으로 10년**

초판 1쇄 발행 2020년 3월 13일
초판 5쇄 발행 2020년 9월 14일

지은이 채상욱
펴낸이 장예원

펴낸곳 라이프런
출판등록 제2018-000173호
주소 07221 서울시 영등포구 국회대로 597, 102동 1101호
전화 02-2633-5677
팩스 02-6455-5677
이메일 lifelearn@naver.com
블로그 blog.naver.com/lifelearn

값 17,500원
ISBN 979-11-966259-3-1 (03320)

ⓒ 채상욱, 2020

*잘못된 책은 바꿔드립니다.
*이 책의 전부 또는 일부 내용을 재사용하려면
사전에 저작권자와 라이프런의 동의를 받아야 합니다.

「이 도서의 국립중앙도서관 출판예정도서목록(CIP)은 서지정보유통지원시스템 홈페이지(http://seoji.nl.go.kr)와 국가자료종합목록시스템(http://www.nl.go.kr/kolisnet)에서 이용하실 수 있습니다. (CIP제어번호: CIP: 2020008744)」